# Monty Roberts
# Shy Boy
## Gespräche mit einem Mustang

Mit Farbfotos von Christopher Dydyk

Aus dem Amerikanischen von Ingrid Laufenberg

Gustav Lübbe Verlag

Titel der Originalausgabe: Shy Boy – Conversations with a Mustang

Aus dem Amerikanischen von Ingrid Laufenberg
Redaktionelle Bearbeitung: Tina und Frank Joyeux, Baden-Baden
Umschlaggestaltung, Layout und Satz:
KOMBO KommunikationsDesign GmbH, Köln,
unter Verwendung zweier Fotos von Christopher Dydyk
Gesetzt aus der Minion
Druck und Einband: Friedrich Pustet, Regensburg



Printed in Germany
ISBN 3-7857-0921-8
1 3 5 4 2

# Inhalt

# Prolog

Für ein neues Buch gibt es keinen besseren Anfang als das Ende des letzten. Diejenigen meiner Leser, die weltweit meine Arbeit verfolgt haben, werden wissen, daß ich die Geschichte meines Lebens bis zum Alter von einundsechzig Jahren geschrieben habe. Und auf den letzten Seiten jenes Buches habe ich noch einmal bekräftigt, daß ich mein Leben der Aufgabe widmen will, die Welt zu einem besseren Ort für Pferde zu machen.

Ich konnte damals nicht wissen, daß das Buch sich zu einem internationalen Bestseller entwickeln würde. Und es geschahen viele Dinge, die mir nicht einmal im Traum möglich erschienen. Ich hätte nicht gedacht, daß noch ein weiteres Buch in mir steckt. Ich glaubte, alles niedergeschrieben zu haben, was mir mitteilenswert erschien. Statt dessen stehe ich vor der befriedigenden Aufgabe, die erstaunlichen Ereignisse aufzuzeichnen, die mein Leben in den letzten beiden Jahren bestimmten.

Während ich diese Seiten zu Papier bringe, erinnere ich mich an die Party, die der Hutchinson Verlag gab, um mein erstes Buch, Der mit den Pferden spricht, auf unvergeßliche Weise in der Öffentlichkeit vorzustellen. Die Gesellschaft fand im obersten Stock des Verlagsgebäudes statt, und vom Dach aus hatte man einen herrlichen Blick über das Londoner Westend. Viele Leute schüttelten mir die Hand und überschütteten mich mit erstaunlichen Komplimenten zu meinem Buch.

Unter den Anwesenden befanden sich für mich sehr wichtige Menschen, ohne die das Buch niemals zustandegekommen wäre: Sue Freestone, meine Verlegerin, und Jane Turnbull, meine literarische Agentin, sind wahrscheinlich die für mich wichtigsten Menschen aus der Welt des Verlagswesens.

Dann war da natürlich noch meine Frau Pat, die mir das Buch quasi aus der Nase gezogen hatte. Wir sind immerhin seit über vierzig Jahren verheiratet.

Dem Rennbahnkommentator Peter O'Sullivan hatte ich, seit ich zehn Jahre alt war, auf allen Rennbahnen der Welt zugehört. Ihn endlich persönlich kennenzulernen und seine Stimme direkt an mich und nicht an ein großes Publikum gerichtet zu hören, war ein ganz besonderes Ereignis.

Andreas Jacobs war nur aus einem Grund zu dieser Veranstaltung gekommen: um mich zu unterstützen. Dafür war er eigens aus Deutschland eingeflogen.

Es bewegte mich, als mein Blick zum erstenmal auf Sir John Miller fiel. Denn er hatte den ganzen Prozeß in Gang gesetzt. Wäre er nicht um die halbe Welt gereist, um mit eigenen Augen zu sehen, was ich mit Pferden tun kann, dann stünde ich im Leben nicht dort, wo ich heute stehe. Er hatte mich auf Bitten Ihrer Majestät der Königin hin aufgestöbert. Ihre Unterstützung ebnete mir den Weg zu weltweiter Anerkennung – endlich begannen die Leute, mir zuzuhören. Als Sir John Miller die Party verlassen wollte, begleitete ich ihn im Fahrstuhl hinunter und brachte ihn zu seinem Wagen. Schließlich war er ein VIP-Gast. Diese Party fand statt, weil er große Initiative gezeigt hatte. Er war von dem, was er mit eigenen Augen gesehen hatte, überzeugt und hatte seitdem unerschütterlich auf meiner Seite gestanden. Es war wunderbar, ihn bei dieser Veranstaltung dabei zu haben.

Schließlich fuhr ich wieder nach oben und stieg zu Fuß die letzte Treppe zur Dachterrasse hinauf. Ich spürte, daß sich die Party langsam ihrem Ende näherte. Es war ein aufregender Abend gewesen, und jetzt wartete eine lange Schlange von Menschen darauf, sich von mir zu verabschieden.

Mit jedem Gast, der ging, wurde es ruhiger – und mir stand ein ganz spezielles Ereignis bevor, von dem ich wußte, daß es mir keinen Spaß bereiten würde. Ich hielt mich quasi am Händeschütteln fest, nur um das nicht durchmachen zu müssen.

Schließlich gingen auch die letzten Nachzügler. Die Catering-Crew räumte die Gläser zusammen und zählte die leeren Flaschen. Es war ein schöner Abend gewesen, aber jetzt war es totenstill in dem Bürogebäude, denn die Arbeitszeit war schon lange vorbei. Ich glaube, es war kurz vor Mitternacht.

Eine kleine Gruppe war noch übrig: Sue Freestone, Jane Turnbull, Alex Hippisely-Cox und meine Frau Pat. Gemeinsam schoben sie mich einen Flur entlang – vielleicht sollte man eher sagen, daß sie mich zu viert wegschleppten. Mir kam die Idee, daß ich einen Schwächeanfall vortäuschen und so tun könnte, als hätte ich das Bewußtsein verloren – eben irgend etwas, um dem Bevorstehenden zu entrinnen. Schließlich nahm ich Genomycin gegen ein Killervirus und hatte damit eine ausreichende Entschuldigung. Der Arzt in Los Angeles hatte mir gesagt, daß ich gar nicht nach England hätte fliegen dürfen.

Ich wurde in einen kleinen Raum gebracht, der vielleicht viereinhalb mal viereinhalb Meter groß war und einer Gefängniszelle glich. In der Mitte des

Raums stand ein Tisch, und darum herum befanden sich vier Wände, die nur aus Büchern bestanden. Um genau zu sein: aus zweitausend Exemplaren des gleichen Buches – meiner Autobiographie. Ich konnte mich gerade so durch den schmalen Spalt zwischen dem Tisch und den Bücherwänden quetschen.

Meine Aufgabe bestand darin, all diese Bücher zu signieren, und der Zeitplan sah vor, dies während der Nacht zu erledigen. Ich durfte meine Gefängniszelle erst wieder verlassen, wenn ich fertig war. Zweitausend Unterschriften...

Meine Helfer nahmen die Bücher nacheinander zur Hand, öffneten sie, legten sie mir vor, und ich signierte sie. Auf dem Flug nach London hatte ich eine verkürzte Form meiner Unterschrift geübt, weil ich wußte, daß mir diese Tortur bevorstand. Und das war meine Rettung.

Es war ein seltsames Phänomen, einundsechzig Jahre des eigenen Lebens, Erfolge wie Mißerfolge, so um sich herum gestapelt zu sehen. Dieser Berg aus Büchern erschien mir wie ein Berg, den ich erklimmen mußte – mein Leben.

Wir alle hatten unser Bestes gegeben, gute Arbeit geleistet, aber niemand konnte voraussagen, wie das Buch beim Publikum ankommen würde. Es ist wie beim Pferderennen: Man bereitet sich vor, so gut man kann, mit all dem Wissen und der Erfahrung, die einem zur Verfügung stehen – und danach liegt alles nur noch in Gottes Hand.

Wie sich herausstellte, hielt sich das Buch auf beiden Seiten des Atlantiks monatelang in den Bestsellerlisten und übertraf bei weitem meine Erwartungen. Es war sehr angenehm, aber komischerweise empfand ich auch Demut bei dem enormen Interesse, das mein Buch erregte. Schließlich ist es auch eine große Verantwortung.

Durch diesen Prolog möchte ich mich wappnen und in derselben Richtung weiterarbeiten wie bisher. Seit dem letzten Buch gibt es viel Neues zu erzählen, und ich muß zugeben, daß ich mich jetzt sogar darauf freue, zweitausend Exemplare dieses Buches zu signieren, wenn es fertig ist.

## Auf Tournee mit Dually

Ich war wieder einmal unterwegs und befand mich am Beginn eines großen Abenteuers. Wir transportierten eine Box mit Ausrüstung und zwei weitere mit Pferden zum Flughafen von Los Angeles, kurz LAX genannt. Wir hatten schon öfter Pferde zu Rennbahnen geflogen, aber das hier stellte eine ganz andere Größenordnung dar. Wir waren auf dem Weg nach England und Irland und wollten nicht zu Rennveranstaltungen, sondern gingen mit einem ganz besonderen Pferd auf Demonstrationstour. Unser Terminplan war ausgesprochen eng und strapaziös: An zweiundzwanzig Orten in England und Irland würden wir zeigen, was dieses Pferd konnte. Zwischen den Vorführungen lag nie mehr als ein Tag, was bedeutete, daß wir, wenn wir nicht im Longierring stünden, unterwegs sein würden.

Der Name des Pferdes war Dually, und er ist zweifellos mein bester Freund und Kollege im Longierring. Bei Veranstaltungen im Westernstil gibt es einfach nichts, was er nicht vollbringen kann. Er wurde nach meinen einzigartigen Methoden eingeritten (oder auch: zugeritten, gestartet). Dually ist ein ausgezeichnetes Beispiel dafür, was mit meinen Trainingsmethoden zu erreichen ist. Um es auf den Punkt zu bringen: Wenn man als Trainer seine Fähigkeiten dafür einsetzt, eine Tür zu öffnen, durch die das Pferd gehen will, dann hat man das Pferd als bereitwilligen Partner – und nicht als unwilliges Subjekt. Mit der Zustimmung und Kooperation des Pferdes kann man der Leistungsbereitschaft einen zusätzlichen Impuls geben, der nicht zu bremsen ist.

So waren also nun Dually und ein Reservepferd namens Tuffy auf dem Weg nach Europa, um ihr Können zu zeigen. Und der erste, der dies alles zu vereiteln drohte, war ich selbst.

Als wir den Flughafen erreichten, spürte ich förmlich, wie das Virus sich von hinten anschlich und versuchte, mich umzuhauen. Ich wußte, um welches Virus es sich handelte. Ich war gerade erst von einer Auktion in Kentucky gekommen, und alle meine deutschen Kunden waren mit diesem Virus infiziert und extrem krank gewesen. Es war ein Killervirus, und ich hatte sieben oder acht Tage mit ihm in einem Wagen gesessen, so daß es genügend Zeit gehabt hatte, sich bei mir einzunisten. Ich ging also im LAX-Airport in die Klinik und stolperte glücklicherweise über diesen wunderbaren Arzt, der aus Indien gekommen war, um in Kalifornien zu arbeiten. Ich sagte ihm, wie ich mich fühlte: Die untere Hälfte meiner Lunge war mit Flüssigkeit gefüllt, und der entsetzliche Schmerz breitete sich offensichtlich über meine Brust aus. Er hörte meine Brust ab und stimmte mir zu. Genau das war es. Er diagnostizierte eine sogenannte »fulminante Lungenentzündung«, die meine Atemkapazität um vierzig Prozent verringerte. Er verordnete mir sofortige Bettruhe, wenn ich mit dem Leben davonkommen wollte.

Stellen Sie sich die Situation einmal vor: In wenigen Minuten sollten drei Boxen mit Ausrüstung und zwei Pferden in einen KLM-747-Jumbo-Jet verladen werden. In meiner Tasche hatte ich Tickets, die insgesamt fünfunddreißigtausend Dollar kosteten, und einen Zeitplan, der für die nächsten Monate mit Vorführungen vollgestopft war. Das gesamte Timing war auf das Erscheinen des Buches in England abgestimmt, und es hatte ein Jahr gedauert, um alles vorzubereiten und zu organisieren.

Das Virus war... Nun, ich wollte nichts davon hören.

Ich sagte zu dem Arzt: »Sie haben mir Ihre schlechte Nachricht mitgeteilt. Jetzt ist es an mir, Ihnen eine noch schlechtere zu präsentieren – ich muß nach England.«

Wortreich riet er mir von dieser Reise ab. Wenn ich dennoch flöge, würde ich vielleicht in einer Holzkiste ankommen und meinem Publikum nicht mehr viel sagen können. Ich erklärte, auf jeden Fall zu reisen – ob ich nun in einer Holzkiste ankäme oder aufrecht auf meinen Beinen gehend; ich versprach jedoch, hundertprozentig genau jede Medikation zu befolgen, die er vorschlüge.

Das gefiel ihm überhaupt nicht, aber er mußte wohl oder übel zustimmen.

Der junge Mann, der uns verfrachten sollte und mich zum Arzt gefahren hatte, brachte mich jetzt zu einer Apotheke. Ich hatte ein Rezept für Genomycin bekommen und begann sofort, die verschriebenen Pillen mit beinahe religiösem Eifer zu nehmen.

Zurück am Flughafen, waren wir bereit zum Einladen. Doch die KLM-Mitarbeiter bekamen fast einen Anfall wegen der Masse an Ausrüstung, die wir bei uns hatten. Sie machten ein Riesentheater und zeigten auf ihre Listen, konnten uns aber keinen Fehler nachweisen: Ich war diese Liste immer und immer wieder durchgegangen, und jedes Teil, das wir bei uns hatten, stand auf der

Liste, die die KLM erhalten hatte. Das Problem war nur, daß alles größer war, als man erwartet hatte. Für die Angestellten der Fluggesellschaft in Amsterdam bedeuteten »Sättel« Rennsättel oder vielleicht noch Reitsättel, aber nicht diese Monster, die pro Stück fünfundvierzig Pfund wiegen – allerdings ohne Sattelpolster.

Im Ergebnis konnten sie uns wegen der Liste nichts anhaben und mußten versuchen, alles irgendwie unterzubringen.

Es ist ein imposanter Prozeß, am Heck eines Jumbo-Jets eingeladen zu werden. Auf Hebebühnen, die wie Scheren funktionieren, wird man drei Stockwerke hochgehoben und dann zusammen mit einer Ladung von Fernsehern, elektronischen Geräten und anderen Dingen in den Laderaum geschoben. Pferde sind nur eine weitere Kiste, die an Bord gehievt und befestigt werden muß. Außerdem wurden noch sechs Särge mit den Leichnamen von Menschen verladen, die in Kalifornien gestorben waren und jetzt zu ihren Familien in Europa zurückgebracht wurden.

Ich erinnerte mich an die Warnung des Arztes, möglicherweise ebenfalls in einer Holzkiste anzukommen – und hielt mich lieber fern.

Endlich wurden alle drei Paletten befestigt. Normalerweise sollte vor den beiden Pferdeboxen ein schmaler Durchgang von etwas mehr als einem Meter verbleiben, durch den sich das Personal zwängen konnte. Wir hatten aber zuviel Ausrüstung dabei, so daß der Durchgang blockiert war. Um einen Weg zu finden, mußte ich mich durchkämpfen und über die Ausrüstung klettern, um nach den Pferden zu sehen, ihnen Futter und Wasser zu geben, ihre Köpfe zu streicheln und ihnen zu sagen, daß sie sich zehntausend Meter über dem Atlantik befänden und daß sie nichts in der Luft hielt außer einem Paar Tragflächen.

Dann kletterte ich wieder durch die kleine Tür im hinteren Teil des Flugzeugs, auf der »Crew Only« – nur für die Besatzung – stand, und nahm Platz in der letzten Reihe, wo ein Sitz für mich reserviert war.

Mich amüsierte der Gedanke, bei Leuten zu sitzen, die keine Ahnung davon hatten, daß Dually und Tuffy nur ein paar Meter hinter ihnen standen, auf der anderen Seite der Trennwand dieses sehr sauberen und zivilisierten Flugzeugs, in dem eine gutaussehende Stewardeß Drinks und Essen servierte. Und was müssen sie von dem Kerl gedacht haben, der sich anhörte, als hätte er einen

Asthmaanfall, und der, obwohl nicht wie ein KLM-Angestellter gekleidet, sich immer wieder durch die Tür mit der Aufschrift »Crew Only« zwängte? Vielleicht meinten sie, ich hätte eine Möglichkeit gefunden, eine Zigarette zu rauchen, ohne Alarm auszulösen.

Wenn ich in einem Jumbo fliege, frage ich mich oft, ob wohl Pferde mit an Bord sind. In Gedanken bin ich stets bei ihnen, denn für Pferde ist das Fliegen eine nervenaufreibende Erfahrung.

Man sollte sich wirklich einmal vor Augen führen, was diese Reise für die beiden Pferde bedeutete, erst dann weiß man ihre Kooperation und ihre erstaunliche Leistung während der Tour richtig einzuschätzen.

Vier Stunden dauerte die Fahrt von den Flag Is Up Farms bis LAX. Am Flughafen hatten sie acht Stunden Aufenthalt, und während dieser Zeit wurde an ihrer Haut gekratzt, ihr Blut untersucht und die Bedingungen ihrer dreißigtägigen Quarantäne in allen Einzelheiten überprüft. Daran schloß sich ein dreizehnstündiger Flug nach Amsterdam an. Drei Stunden Aufenthalt in Amsterdam, damit der Tierarzt sie untersuchen und nachprüfen konnte, daß alles in Ordnung war und mit dem Bericht des Tierarztes aus L.A. übereinstimmte. Das macht bisher vierunddreißig Stunden. Dann wurden die beiden Tiere auf einen englischen Pferdetransporter verladen und nach Calais gefahren, um dort die Fähre nach Dover zu erreichen. Von Dover aus ging es weiter nach Lambourn in Dougy Marks' Stall.

Ich konnte Dually und Tuffy an jedem Übergangspunkt bewegen, aber es war eine unglaublich strapaziöse Reise für sie, und sie ertrugen alles mit mehr Geduld und Kooperationsbereitschaft, als ich je zu hoffen gewagt hätte.

Endlich waren wir in England angekommen. Wir waren bereit. Die Tour begann. Volle Kraft voraus.

## Unterwegs

Diese Tour war völlig anders als alle vorhergehenden Veranstaltungen dieser Art. Die Leser meines ersten Buches werden sich an die Gründe erinnern, weshalb ich das Bedürfnis hatte, der Welt zu zeigen, was ich mit Pferden tun kann. Für all diejenigen, die das erste Buch nicht gelesen haben, werde ich eine kurze Erklärung geben, weshalb ich tue, was ich tue, und inwiefern diese Tour mit den anderen nicht vergleichbar war. Ich werde so kurz und präzise wie möglich sein, aber dieser Teil muß abgehandelt werden, um den ganzen Bogen der Geschichte verständlich zu machen.

Zunächst sollte der Leser wissen, daß ich quasi auf einem Pferd geboren wurde. Von dem Tag an, da ich meinen Kopf hoch halten konnte, verbrachte ich Stunden im Sattel vor meiner Mutter. Der Anblick eines Pferdehalses und die Art, wie die Ohren vor- und zurückzuckten, war mir vertrauter als jeder andere. Meine ersten Turniere gewann ich im Alter von vier Jahren.

Meine Familie führte ein riesiges »Pferdezentrum« in Kalifornien, und dadurch hatten wir täglich mit Hunderten von Pferden zu tun. Ab meinem elften Lebensjahr mistete ich jeden Morgen, bevor ich zur Schule ging, zweiundzwanzig Ställe aus. Kurz gesagt: Ich war praktisch selbst ein Pferd. Wenn ich nicht nur zwei Beine gehabt hätte, hätte ich mir einen Sattel auflegen und mich zur Arbeit schicken lassen.

Meine frühen Erfolge im Longierring ließen meinen Vater glauben, daß ich derjenige sei, der den Namen Roberts in der Pferdewelt berühmt machen würde.

Aber ich litt unter einem Dilemma: Ich haßte die Trainingsmethoden meines Vaters. Die Art und Weise, wie mein Vater Pferde »brach«, und die Grausamkeit, die er anwandte, um sie in die Welt der menschlichen Rasse einzuführen, erfüllten mich mit Fassungslosigkeit. Ich sah zu, wie sechs Pferde gleichzeitig in einem Korral angebunden wurden, in gleichmäßiger Entfernung, jedes Pferd an seinem Pfosten. Dann band er ihre Hinterbeine hoch, so daß sie sie nicht mehr bewegen konnten, und verängstigte sie, indem er einen beschwerten Sack auf die Hinterhand schlug. Natürlich zeigten sie Widerstand und Furcht bei dieser Methode, woraufhin seine Reaktion darin bestand, sie förmlich zum Gehorsam zu prügeln. Seiner Ansicht nach mußte man, wenn sie auf dem Boden lagen, über sie gehen können, ohne daß sie auch nur die geringste Abwehrreaktion zeigten. Dann hatte man sie gebrochen. Die ganze Prozedur dauerte ungefähr sechs Wochen.

»Gebrochen« war das richtige Wort. Es gab Pferde, die traumatisiert waren und nur aus Angst arbeiteten. Die Pferde vergaßen den Schmerz nicht, den man ihnen einmal zugefügt hatte, und sie kamen nie aus einem emotionalen Bedürfnis oder aus Zuneigung oder aus einem anderen positiven Grund mit einem Menschen zusammen. Es war die reine Tyrannei.

Ich beobachtete das von frühester Kindheit an – und, ja, ich haßte es.

Und doch war dieser Mann mein Vater. Er wurde von allen bewundert und respektiert. Die Art, wie er mit Pferden umging, war die Norm und ist es auch heute noch an vielen Orten in der Welt – an mehr Orten als Sie sich vorstellen können.

Was mich gegen meinen Vater neben seiner Grausamkeit im Umgang mit Tieren ebenso aufbrachte, war seine Grausamkeit mir gegenüber. Er schlug mich mit Ketten. Ich landete im Krankenhaus, und meine Mutter bettelte, ich solle es als Unfall darstellen. Sie würde mit meinem Vater sprechen und sein Verhalten ändern. Ich lernte, ihn zu fürchten und seine Art zu hassen, mit der Welt umzugehen: seinen Wunsch, diejenigen, die ihm nahestanden, zu erniedrigen und zu demütigen – ob Mensch oder Tier.

Zur selben Zeit stellte ich fest, daß ich eine besondere Beziehung zu Pferden hatte. Ich konnte sie stundenlang beobachten. Indem ich passiv blieb, ihnen ihr natürliches Verhalten gestattete, fand ich nach und nach heraus, wie sie miteinander kommunizieren. Zwischen meinem dreizehnten und sechzehnten Lebensjahr hatte ich Gelegenheit, viel Zeit in der Hochwüste der Sierra Nevada zu verbringen. Ganz allein beobachtete ich Herden von Mustangs, die so wild waren, daß sie vermutlich nie einen Menschen gesehen hatten.

Ich hatte diese Möglichkeit, weil ich von meiner Heimatstadt Salinas, Kalifornien, beauftragt worden war, eine Gruppe dieser Mustangs für die jährlichen Rodeoveranstaltungen – zum Beispiel Wildpferderennen – zusammenzutreiben. Durch die Ausflüge in die Sierra Nevada und die Beobachtung der wilden Herden lernte ich zunächst, daß die Leitstute, die Matriarchin, für die Herde verantwortlich war. Sie war die Anführerin und entschied, wann die Herde weiterzog und wohin.

Vor allen Dingen hielt sie die Halbwüchsigen im Zaum. Wenn sie sich schlecht benahmen, bekamen sie es mit ihr zu tun. Sie hatte eine ganz bestimmte Art, mit ihnen umzugehen, und zweifellos ist diese Methode genetisch festgeschrieben – ein Stammeserbe der Pferde auf der ganzen Welt. Denn wie ich bewiesen habe, funktioniert sie immer.

Wenn sich einer dieser Halbwüchsigen danebenbenimmt, wenn er oder sie einem Älteren ein Stück aus dem Rumpf beißt oder ausschlägt oder zu anmaßend wird, kurz gesagt, wenn er oder sie sich unsozial verhält, dann treibt die Leitstute den Übeltäter von der Herde fort. Sie geht frontal zu ihm in Stellung, treibt den Halbstarken fort und bleibt frontal zu ihm, bis sie die Zeichen sieht, mit denen er um Verzeihung bittet, darum bittet, wieder zurückkommen zu dürfen.

Der Übeltäter hat natürlich Angst. Für ein Pferd ist es eine furchtbare Situation, von der Herde ausgestoßen zu sein. Denn dort draußen gibt es Raubtiere. Von der Herde getrennt zu sein heißt, das eigene Todesurteil unterschrieben zu haben. Die älteren Tiere in der Herde, die nicht mehr nützlich sind, trennen sich oft von den anderen und suchen freiwillig die Einsamkeit, um zu sterben.

Wenn ihnen klar wird, daß sie gezwungen werden, sich von der Herde fernzuhalten, dann bitten die Bösewichter mit deutlichen Zeichen darum, wieder zurückkommen zu dürfen. Sie lecken und kauen und vollführen mit dem Maul die Bewegungen des Abhängigen, der den Überlegenen um Fressen bittet und ihm seine Unterwerfung zeigt. Außerdem senken sie die Nüstern bis fast auf den Boden – eine weitere Geste der Unterwerfung.

An diesem Punkt reagiert dann die Leitstute. Sie dreht sich, ändert ihre Haltung. Sie legt keinen Wert mehr auf ständigen Augenkontakt, sondern zeigt ihre Flanke und steht nicht mehr wie zuvor frontal zu ihm. Damit signalisiert sie dem Übeltäter, daß sie ihm vergeben hat. Dieser erkennt die Zeichen und weiß, daß er wieder zur Herde zurückkehren darf.

Für mich war es in diesem Alter überaus aufregend, die Körpersprache der Wildpferde zu entdecken. Ich gab dieser Sprache einen Namen – »Equus« –, erlernte sie und konnte sie in der Praxis anwenden. Ich war in der Lage, mit Pferden zu kommunizieren, egal, wie roh sie waren. Schon in jungen Jahren entdeckte ich, daß ich mit der Sprache »Equus« ein wildes Pferd dazu bringen

*Seite 17:*
*Monty und Dually im Frühnebel auf Flag Is Up Farms.*

*oben:*
*Vorbereitende Sitzung mit Pat und Monty Roberts und dem QED-Filmteam der BBC in Mavericks Saloon.*

*oben:*
*Freddy war auch dabei.*

*Seiten 20/21:*
*Wildpferde in der Sierra Nevada.*

*Seiten 22/23:*
*Beim Hüten der Herde in der Wildnis.*

*Monty auf Dually (vorne) und Cathie Twisselman auf einem Farmpferd (hinten). Shy Boy – links – wird gerade aus der Herde ausgesondert.*

*oben:*
*Cathie Twisselman (links) und Monty auf Dually (rechts): Shy Boy ist unmittelbar vor ihnen – bereit zur Flucht.*

*Seiten 26/27:*
*Monty auf Dually. Shy Boy ist jetzt von der Herde isoliert.*

*Monty.*

*oben:*
*Shy Boy versucht zwar zur Herde zurückzugelangen, aber Dually tut seinen Job.*

*Seiten 30/31:*
*Cathie Twisselman (rechts) hilft Monty (links), als Shy Boy sie auf die Probe stellt.*

*Seite 32:*
*Jetzt sind sie für sich. Monty und Shy Boy beginnen ihre »Tour«.*

konnte, mir zu folgen, als sei ich die Leitstute. Es war außergewöhnlich, aber es war ein Prozeß, den ich immer und immer wieder beweisen konnte, was ich auch tat. Er war meßbar, er konnte wiederholt werden. Er war vorhersagbar. Er hielt jeder wissenschaftlichen Analyse tierischen Verhaltens stand. Ich bewies, daß man mit dieser Sprache über die Kluft hinweg, die die Spezies Mensch und Pferd voneinander trennt, miteinander kommunizieren konnte. Ich lernte, den Pferden zuzuhören.

Eine vollständige Aufzeichnung dieses Prozesses – und jener außergewöhnlichen Ausflüge in die Sierra Nevada – finden Sie in meinem ersten Buch. Lassen Sie mich hier nur noch bemerken, daß die Entdeckung von »Equus« in meiner Teenagerzeit mich später dazu bewog, weltweit einem Publikum diese Vorführungen zu bieten, wenn auch erst über vierzig Jahre später.

Ich habe es nicht früher getan, weil ich viele Jahre lang unter der vehementen Zurückweisung meiner Ideen gelitten habe. Als ich meinem Vater zum erstenmal zeigte, was ich bewirken kann, hat er mich so furchtbar verprügelt, daß es im Gedächtnis des mittlerweile Dreiundsechzigjährigen immer noch eingebrannt ist. Diese Reaktion war in doppelter Hinsicht bedrückend, wenn man bedenkt, daß ich ein junger Mann war, der fest daran glaubte, etwas Bemerkenswertes entdeckt zu haben, was ein erfahrener Reiter wie mein Vater zweifellos als wertvoll erkennen mußte – vielleicht der wertvollste Fortschritt in unserem Versuch, die Pferde zu verstehen.

Ray Hackworth, ein bekannter Trainer, der bei meinem Vater angestellt war, verweigerte mir ebenfalls die fällige Anerkennung meiner Leistungen.

Ich lernte, kein Wort mehr darüber zu verlieren. Wenn ich es erwähnte, wurde ich hart bestraft. Statt dessen fuhr ich fort, meine Methoden heimlich weiter zu erproben, bis ich alt genug war, das Elternhaus zu verlassen und meinen eigenen Betrieb zu führen. Aber selbst dann schwieg ich noch. Ich hatte nichts als Ärger damit gehabt, obwohl ich tief in meinem Innern wußte, daß dies der richtige Weg war.

Das alles dient der Erklärung, weshalb ich mit beiden Händen zugriff, als ich relativ spät in meinem Leben endlich Anerkennung fand. Ich wollte, daß meine Methode publik wurde, an die ich schon so lange geglaubt hatte, die ich aber auch so lange für mich hatte behalten müssen, daß ich mich jetzt, da sie anerkannt ist, wie ein Besessener aufführe. Ich möchte, daß jeder es erfährt. Ich werde bis ans Ende der Welt gehen, um zu zeigen, was ich bewirken kann.

Ich schaffe es, jedes wilde Pferd – so ungezähmt oder traumatisiert durch grausame Behandlung es auch sein mag – innerhalb von sieben bis zehn Minuten zu einem JOIN-UP mit mir zu bewegen. Das heißt, es schließt sich mir an und wird mir folgen, wohin auch immer ich im Longierring gehe, die Nüstern auf meiner Schulter. Innerhalb von zwanzig Minuten wird es ruhig stehenbleiben, ohne daß irgendwelches Zaumzeug an seinem Kopf befestigt ist, während ich es bitte, den Sattel zu akzeptieren und dann auch Gebiß und Zaumzeug. Innerhalb einer halben Stunde kann jemand dieses Pferd reiten – ohne ein böses Wort, ohne die Spur einer Peitsche, eines Sporns oder irgendeiner Form von Zwang.

Dieser Vorgang, den ich im Gegensatz zum »Brechen« »Starten« nenne, hätte meinen Vater sechs Wochen Zeit gekostet. Außerdem wäre das Pferd dadurch gedemütigt und gequält worden. Mit meiner Methode dauert es nur eine halbe Stunde, und das Pferd leidet keinen Augenblick unter Schmerz oder Erniedrigung.

Ich habe meine Methode, Pferde einzureiten, unzählige Male vor Tausenden von Menschen auf der ganzen Welt erfolgreich demonstriert.

Wenn ich an einen Ort komme, wird ein Longierring aufgebaut, und in der Umgegend hat man eine Reihe roher Pferde für mich ausgesucht, die ich noch nie zuvor in meinem Leben gesehen habe. Einige sind ganz roh, andere an Halfter gewöhnt. Das ist jedoch nebensächlich, denn das Ergebnis ist ein und dasselbe. Die Pferdesprache ist überall die gleiche, und der Erfolg tritt in hundert Prozent der Fälle ein. Es gibt kein Pferd, das ich auf diese Weise nicht hätte einreiten können.

Die vorangegangene Beschreibung sollte die Motive und den Zweck meiner Vorführungen erklären helfen. Während einer typischen Demonstration reite ich zwei rohe Pferde ein und erkläre währenddessen dem Publikum, worauf es achten muß. Ich sage genau voraus, wann etwas geschehen wird, und beschreibe mein weiteres Vorgehen.

Diese Tour durch England und Irland war jedoch etwas ganz anderes, da ich im Zusammenhang mit der Veröffentlichung meines Buches etwas Besonderes zeigen wollte.

Ich mußte mir überlegen, welche Fragen mir am häufigsten gestellt würden und wie ich sie auf die interessanteste Art und Weise beantworten könnte.

Eine Frage, die während meiner Vorführungen häufig zur Sprache kommt, lautet: Was kommt danach? Wie funktioniert Ihre Methode? Es ist ja schön und gut, dem Pferd diesen wohlwollenden Start ins Leben zu ermöglichen, aber wie läßt sich das später auf das erwachsene Pferd übertragen?

Also beschloß ich, Dually mitzubringen und es allen zu zeigen. Wir wollten uns noch mehr als sonst anstrengen und diese ganz besondere Show auf die Beine stellen. Dually war von Anfang an nur nach meinen Methoden trainiert worden. Und genau diese Methoden hatten ihm den Status eines Champions eingebracht.

Das alles würde für das englische Publikum noch viel interessanter sein als für das amerikanische, denn Dually ist ein Cutting Horse. Für Engländer ist es schon ungewöhnlich, Cutting an und für sich zu sehen, ganz zu schweigen von dem beeindruckenden Niveau, auf dem sich Dually, der Weltmeister, bewegt.

Wir hatten den Longierring vergrößert und zusätzlich zu den rohen Pferden auch noch Viehherden für die Vorführungen gebucht.

Dually würde mit diesen Viehherden arbeiten – und zwar ohne Zaumzeug. Er ist ein so intelligentes und williges Pferd, daß er eine Kuh von der Herde aussondern und in Schach halten kann, egal, in welche Richtung das Rind zu fliehen oder zur Herde zurückzukommen versucht. Er tut das aus eigenem Antrieb, ohne ein Zeichen von mir. Er weiß selbst genau, was zu tun ist, und will es von sich aus tun. Mir bleibt nicht mehr, als abzuwarten. Ich hatte Dually gebeten, freiwillig an der Vorführung teilzunehmen, bei der ich ihn gerne sehen würde, und das Ergebnis war wirklich erstaunlich.

In der Zwischenzeit ging Tuffy der Aufgabe nach, die Kühe am anderen Ende des Longierrings zurückzuhalten, so daß sie die Vorführung nicht störten. Außerdem diente Tuffy als Ersatzpferd.

Wie sich herausstellte, war es gut, daß wir diesen Ersatz dabei hatten, denn ein irischer Hufschmied schlug versehentlich an falscher Stelle einen Nagel durch Duallys hinteres Hufeisen, und so spielte für ein paar Abende Tuffy die Hauptrolle.

Auch von der technischen Seite her hatte diese Tour einige interessante Punkte aufzuweisen.

Zunächst einmal: das Wasser.

Es war schwierig, Dually und Tuffy dazu zu bringen, ausreichend zu trinken. Sie mochten kein gechlortes Wasser. Wo immer wir in Großbritannien auch hinfuhren, das Wasser schmeckte nach Chlor. Als wir in Glen Eagles ankamen, tranken beide Pferde wie verrückt, weil es frisches Wasser gab. Sie tranken wohl die vierfache Menge dessen, was sie an anderen Orten zu sich genommen hatten.

Im Rückblick muß ich sagen, daß wir sie langsam an einen bestimmten Wassergeschmack hätten gewöhnen müssen, bevor wir Kalifornien verließen. Hätten wir sie schon zu Hause für ein paar Wochen an Wasser mit einem Apfelgeschmack-Elektrolyt gewöhnt, hätten wir das gleiche Elektrolyt hier verwenden können, und der vertraute Geschmack hätte das Chlor überdeckt.

Normalerweise behandele ich sensible Rennpferde so, wenn sie auf Reisen gehen, aber ich hätte nicht gedacht, daß auch diese beiden unverwüstlichen Quarter Horses derart empfindlich waren. So mußten wir manchmal aus der Stadt zu einer Farm fahren und unbehandeltes Wasser holen, damit sie genügend tranken.

Zweitens: das Futter.

Amerikanisches Heu ist anders als britisches Heu. Also hatten wir arrangiert, daß Barry Hills in Lambourn für Dually und Tuffy Washington-State-Heu kaufte. Er importiert es ohnehin als Futter für seine Rennpferde, so daß unsere beiden Quarter Horses sicher sein konnten, was sie fraßen. Ein zusätzlicher Vorteil war das Sponsoring durch Highlight Feeds. Sie lieferten sämtliches Zusatzfutter, und die Pferde sprachen außerordentlich gut darauf an. Highland Feeds hat die größten Schwierigkeiten auf sich genommen, um uns zu helfen. Als die Pferde zum Beispiel wegen des Wassermangels Verdauungsprobleme bekamen, brachten sie uns sogar gehackte Alfalfa, vermischt mit Melasse, wodurch wieder alles in Ordnung kam.

Wir hatten also eine erfolgreiche Tour, vollgepackt mit Terminen, und zusätzlich die Aufregung mit den Stapeln von Büchern, deren Verkauf mein englischer Verlag organisiert hatte. Es war eine lohnende Erfahrung zu sehen, wie Menschen sich Exemplare dieses Buches kauften. Ich hatte mein Leben quasi in dieses Buch geleert, und es enthielt nicht nur die Summe all meiner Erfahrungen, sondern auch den Gedankengang, der mich zu der Botschaft geführt hat, die ich der Welt unbedingt vermitteln möchte.

Und dennoch nagte etwas an mir. Ich hatte in diesem Buch etwas ausgelassen. Selbst nach all diesen Jahren konnte ich es nicht über mich bringen, ein besonderes Ereignis zu erzählen, aus Furcht, daß man mir nicht glauben und mich auslachen würde.

Die Geschichte meines Lebens hatte ich offen und ehrlich erzählt. Einige Passagen sind mir überaus schwergefallen, und bei manchen Erfahrungen kostete es mich Überwindung, sie preiszugeben. Besonders aufwühlend und beunruhigend war es, die Grausamkeit meines Vaters zu schildern, die er mir und den Tieren gegenüber an den Tag gelegt hatte, die sich in seiner Obhut befanden. Die Grausamkeit meines Vaters hatte darin gegipfelt, daß er während des Krieges, als er zur Polizei eingezogen war, einen Schwarzen zu Tode geprügelt hatte; auch wenn der Schwarze ein Verbrechen begangen hatte, befand er sich im Gewahrsam meines Vaters und hatte einen Anspruch darauf, durch das Gesetz geschützt zu werden. Ich war sieben Jahre alt, als ich Zeuge dieses Vorfalls wurde, und die Erinnerung daran ist in mir immer noch lebendig. Und genau diesen Tag kann ich als Wendepunkt in meinem Leben festmachen, weil ich damals beschloß, den genau entgegengesetzten Weg zu dem meines Vaters einzuschlagen. Ich wollte Freundlichkeit statt Grausamkeit erreichen, Kooperation statt Zwang.

Wenn ich diese quälenden Geister aus meiner Vergangenheit freilassen konnte, weshalb konnte ich dann dieses eine Ereignis nicht weitergeben, das, oberflächlich betrachtet, eine so viel leichter zu erzählende Geschichte zu sein schien?

Die Antwort ist einfach. Weil ich mein halbes Leben mit diesem Gefühl gelebt habe: Ich fürchtete, man würde mir nicht glauben, und noch mehr fürchtete ich, dafür bestraft zu werden, wenn ich es erzählte.

Aber bevor diese Tour beendet war, ergab sich eine Reihe von Umständen, die mir gestattete, diese Geschichte endlich zu erzählen.

Und nicht nur das, ich konnte dieses Ereignis nicht nur für meine Freunde und meine Familie wiederbeleben, sondern auch unter dem kritischen Blick von Fernsehkameras. Ich wußte es noch nicht, aber das Schicksal wartete bereits hinter den Kulissen.

## Samantha Hoskin

Mein Handgelenk schmerzte. Die zweitausend Bücher waren eins nach dem anderen an mir vorbeigeschoben worden, und ich hatte jedes einzelne signiert. Unser nächstes Reiseziel war Lambourn, und dann würde die Tour richtig beginnen.

Die erste Aufgabe bestand darin, alle benötigten Transportmittel zusammenzubringen. Wir hatten LKWs, um die Bücher, Videos, Ständer für die Fotografien und die Ausstellungsstücke mitzunehmen, mit denen die Arbeit in den Kursen am West Oxfordshire College dokumentiert werden sollte. Diese Kurse basieren auf meinen Theorien. Dann gab es die beiden Pferde in ihren Boxen und das Vieh im Transporter. Außerdem waren da natürlich noch Menschen. Tim Piper und seine Freundin Sarah Inglis waren abkommandiert, sich um Tuffy beziehungsweise Dually zu kümmern. Sie mußten lernen, sich mit der Western-Ausrüstung zurechtzufinden, die Sarah noch nie zuvor gesehen hatte. Tim hatte nur kurz einen Blick darauf werfen können, als er bei mir in Kalifornien war. Sie mußten schnell lernen, denn mein englischer Verleger organisierte parallel Interviews mit der jeweiligen Lokalpresse. Wann immer ich in eine Richtung sah, schien es, daß sie mich in die entgegengesetzte Richtung drehten, um irgendeinen Kommentar oder ein Statement abzugeben. Für unsere eigenen Bedürfnisse hatten wir ein Wohnmobil gemietet.

So kam ein ganzer Konvoi zusammen. Unser erster Stopp war Towerlands in Essex, und dort gab es einige bemerkenswerte Reaktionen von Zuschauern.

Da war zum Beispiel ein Bodybuilder, ein kräftig gebauter Mann, der in London als Polizist arbeitete. Er erzählte mir, daß sein Vater ihn als Kind geschlagen hatte, und natürlich war das der Grund gewesen, weshalb er sich diese körperliche Stärke antrainiert hatte. Er brauchte das Gefühl, jedem, der ihm entgegentrat, körperlich überlegen zu sein. Dieses Ziel hatte er erreicht. Allmählich wurde ihm jedoch klar, daß es wichtiger war, die Gewalt aus seinem Leben zu eliminieren, anstatt danach zu trachten.

Dann trat eine Frau auf mich zu, um mir zu sagen, daß mein größter Fan sie zu dieser Veranstaltung begleitet habe. Daraufhin griff sie nach unten und hob ein Kind auf ihre Hüfte. »Das ist Samantha«, sagte sie, und die beiden zeigten mir ein Bild von Samantha und ihrem Pferd Bess.

»Sie ist vielleicht ein Fan«, antwortete ich, »aber sie ist kein besonders großer Fan.« Ich vermutete, daß das Mädchen acht oder neun Jahre alt war.

»Sie hat Ihr Buch schon dreimal gelesen«, erklärte die Mutter. »Deshalb kaufen wir ihr auch das Video.«

Ich war beeindruckt von dem wachen, intelligenten Gesichtsausdruck des Mädchens und ihrer ernsten Haltung. Sie versprach, alles zu lernen, was sie über Pferde lernen konnte. Sie sagte, sie würde mit mir in Kontakt bleiben, um mich wissen zu lassen, wie es lief. Sie fragte, ob sie mich umarmen und ein Bild machen dürfe. Diese direkte emotionale Reaktion berührte mich, und ich wußte, daß ich dieses kleine Mädchen nicht vergessen würde, ob wir uns nun wiedersähen oder nicht.

Nach dieser ersten Vorführung in Towerlands sollten wir an die zweiundzwanzig verschiedene Orte in England und Irland besuchen. Dually und Tuffy gewöhnten sich ein, und der Ablauf der Vorführungen pendelte sich ebenfalls ein. Wir begannen mit einem »grünen« Pferd, um das JOIN-UP zu demonstrieren – die zentrale These meiner Arbeit in der Kommunikation mit Pferden. Dann gab es eine Pause, während der ich mich mit einigen Leuten unterhielt und noch mehr Bücher signierte. In der Zwischenzeit wurde der Longierring zu einer ovalen Form vergrößert, und ich stellte Dually vor. Ich ließ ihn alle Gangarten machen: die blitzschnellen Pirouetten, den »Emergency Stop« und so weiter, und das alles, ohne sein Maul zu berühren oder auch nur die Zügel aufzunehmen. Beim »Emergency Stop« galoppiert er mit voller Geschwindigkeit und kommt dann innerhalb weniger Meter zum Stehen. Die einzige Anweisung, die er erhält, ist ein Verstärken meines Sitzes, das reicht. Es gibt keinen Grund, auch nur im geringsten an seinem Maul zu ziehen.

An diesem Punkt kam dann der Laster herein, und wir ließen das Vieh in den Longierring. Ich glaube, die Leute waren von Duallys Stärke und Schnelligkeit überrascht, wenn er eine Kuh von der Herde aussonderte und sie dann im Auge behielt, vor und zurück tanzte, seinen Körper dicht am Boden hielt, die Hinterhand unter sich verborgen, während er sich von links nach rechts drehte. Die Menge jubelte uns zu.

Dually macht es immer Spaß, jemanden auszusondern; es muß nicht unbedingt eine Viehherde sein. Einmal war es sogar Sarah Inglis, die, bevor sie reagieren konnte, von Dually in eine Ecke gedrängt wurde und ihm nicht entkommen konnte. Alle lachten, als sie sahen, wie sie von Dually in Schach gehalten wurde.

Auf dieser Tour würden die Leute hoffentlich noch eine kleine Zugabe bekommen. Sie konnten im ersten Teil der Veranstaltung miterleben, wie ich ein junges Pferd einritt; im zweiten Teil der Vorführung wurden sie Augenzeugen der engen Zusammenarbeit zwischen Dually und mir, der mein Partner in den Western Shows ist und ein verdienter Weltmeister in dieser Disziplin.

Ihn in Aktion zu sehen, beantwortet die Frage »Wie läßt sich Ihre Arbeit, junge Pferde einzureiten, auf erwachsene Pferde übertragen?« Die Menschen konnten bei einer gelungenen Vorführung mit eigenen Augen die körperliche und mentale Stärke von Dually sehen – und seine Partnerschaft mit dem Reiter.

Kurz gesagt, die Leute wollen immer wissen, ob sie meiner Methode folgen und damit selbst ein JOIN-UP erreichen können.

Meine Antwort lautet dann immer: »Absolut.« Jedermann kann es tun. Ich war vielleicht der erste, der es zufällig entdeckte, aber wenn jemand entschlossen ist und Selbstvertrauen sowie genügend Flexibilität besitzt, um zu erkennen, was wann zu tun ist, dann kann er oder sie ein JOIN-UP erreichen. Ich habe meinem Tierarzt in Kalifornien einmal die Sprache »Equus« vorgeführt, und daraufhin legte er gleich los.

Meiner Überzeugung, daß ich von Natur aus nichts Besonderes oder Außergewöhnliches besitze, was mich dazu befähigt, das alles zu tun, begegnet man oft mit Skepsis. Ich bleibe bei dem, was ich gesagt habe, und weiß, daß es stimmt. Jedermann kann ein JOIN-UP mit einem Pferd erreichen. Mancher ist vielleicht mißtrauisch und hat nicht das Selbstvertrauen, es mit so viel Autorität zu versuchen, daß es auch auf Anhieb gelingt. »Equus« ist aber eine einfache Sprache mit keinem sehr umfangreichen Vokabular.

Und obwohl ich es nicht geplant hatte, brachten die Umstände mich jetzt mit einer ganz besonderen jungen Dame zusammen, die den Leuten zeigen würde, daß es stimmt: Jeder kann es.

Samantha meldete sich wie versprochen bei mir. Ich erhielt eine Nachricht zusammen mit einem Videoband. Das Band, das sie selbst erstellt hatte, war von schlechter Qualität, aber ich konnte Samantha in einem Gebäude mit einem Pferd erkennen, das ganz offensichtlich auf sie reagierte. Nachdem ich

*oben:*
*Der Aeromotor im Cuyama Valley, Gebiet des Caliente-Gebirges.*

*Seiten 42/43:*
*Shy Boy wendet sich nach Osten und versucht, höheres Terrain zu erreichen.*

*Seiten 44/45:*
*Die Flucht führt weiter nach Osten. Monty und Cathie bleiben in Sichtkontakt mit Shy Boy.*

*Shy Boy läuft weiter ostwärts.*
 *Monty bleibt ihm auf den Fersen.*

*Seiten 47 bis 49:*
*Shy Boy versucht, Monty auf der Höhe abzuhängen.*

*Seite 50:*
*Monty auf The Cadet beim morgendlichen Ausritt am Ostersonntag 1997.*

*Seite 51:*
*Montagmorgen – das JOIN-UP beginnt.*

*oben:*
*Das JOIN-UP ist erreicht, und jetzt folgt Shy Boy.*

*Seite 53:*
*Montagmittag – Monty auf George macht sich bereit, das Seil anzulegen.*

*Seiten 54/55:*
*»Ich will nicht, daß du mir das Seil anlegst. Bitte verschwinde«, signalisiert Shy Boy.*

*Caleb Twisselman (links) hilft Monty (rechts), das Seil anzulegen. Darauf Shy Boy: »Ich hab' jetzt keine Angst mehr vor dir.«*

das Videoband mehrere Male zurückgespult und angesehen hatte, war mir klar, daß Samantha mit ihrem Pferd Bess ein JOIN-UP gelungen war.

Dies geschah ungefähr acht Tage vor der größten Veranstaltung während der Großbritannien-Tour in der London Docklands Arena, in der fünftausend Menschen Platz finden. Außerdem war die Arena nicht weit von Samanthas Wohnort entfernt. Ich rief Samantha an und lud sie zu dieser Vorführung in London ein, und vielleicht könnte sie ja all ihren Mut zusammennehmen und dem Publikum erzählen, was ihr gelungen war. Außerdem schlug ich ihr vor, ihr Pferd Bess mitzubringen und es den Menschen vorzuführen.

Um ihre Charakterstärke und ihre Motive richtig einschätzen zu können, muß ich etwas ausholen und Samanthas Geschichte erzählen.

Als Samantha drei Monate alt war, bekam sie eine schlimme Grippe. Sie entwickelte daraufhin eine Allergie gegen viele Lebensmittel und Substanzen des täglichen Lebens. Bis zu ihrem ersten Geburtstag hatte sie den größten Teil ihres Lebens im Krankenhaus verbracht. Sie bekam Anfälle, litt unter furchtbaren Schmerzen und Atemnot. Als sie fünf Jahre alt war, wog sie knapp dreizehn Kilogramm. Ihre Eltern verbrachten die meiste Zeit damit, sie ins Krankenhaus zu bringen oder dort abzuholen. Das Great Ormond Street Children's Hospital in London wurde ihr zweites Zuhause. Sie schwebte ständig in Lebensgefahr, und ihre Eltern fragten sich oft, ob das vielleicht der letzte Besuch an ihrem Krankenbett sei. Aber immer wieder riß sie sich selbst vom Abgrund zurück.

Während einer ernsten Krise, als die Eltern fürchteten, Samantha würde sterben, erkundigte sich ihre Mutter, ob es irgend etwas auf der Welt gäbe, was sie sich wünschte. Dabei hegte sie die Hoffnung, den Lebenswillen ihrer Tochter zu stärken, indem man ihr einen Wunschtraum erfüllte.

Samantha antwortete, sie würde gerne ein eigenes Pferd haben. Ihre Mutter versprach, daß sie eines bekommen würde.

Wie schon viele Male zuvor überlebte Samantha auch diese Krise. Und neue Hoffnung versprach auch Dr. Jean Munroe, eine Allergiespezialistin aus Hertfordshire, die man der Familie empfohlen hatte. Es schien ein allerletzter Versuch zu sein, und so baten Samanthas Eltern Dr. Munroe um Hilfe.

Dieses kleine Mädchen wurde einem Programm unterzogen, in dessen Verlauf sie bestimmte Nahrungsmittel nicht zu sich nehmen durfte, wodurch sie beinahe zu verhungern drohte. Allerdings ging es ihr innerhalb von drei Wochen deutlich besser. Ich kann das hier nur in ein oder zwei Absätzen beschreiben, weil ich mich kurz fassen muß. Aber alle Eltern werden sich ausmalen können, wie lang diese Leidensjahre gewesen sein müssen und wie willkommen die Besserung war.

Danach wurde Samantha nach Hause entlassen und mußte nur noch jede vierte Woche ins Krankenhaus. Endlich hatten sie ihre Tochter wieder daheim.

Samanthas Mutter erinnerte sich an das Versprechen, das sie ihrer Tochter gegeben hatte. Sie hatten noch nie zuvor Pferde besessen, und der Gedanke daran erfüllte sie mit Entsetzen; es ist ein kostspieliges und zeitraubendes Unterfangen. Wo würde man das Tier unterbringen? Was war an Schultagen, wer würde sich darum kümmern? Man kann Pferde nicht einfach sich selbst überlassen. Ihr Wohlergehen erfordert harte Arbeit und Tag und Nacht sorgfältige Betreuung. Aber versprochen ist versprochen, und Mrs. Hoskin wollte ihr Versprechen nicht brechen.

Samantha war zwölf Jahre alt, als ihre Mutter zufällig genau das richtige Pony fand. Es war ruhig und leicht zu handhaben, hatte die richtige Größe und ein gemäßigtes Temperament. Mrs. Hoskin nahm Samantha mit zu dem Pony-Verkäufer, und die war außer sich vor Freude. Sie hatte ihre Allergien weitgehend überwunden und mußte sich nicht mehr an eine strikte Diät halten. Und jetzt auch noch dieses schöne Pony!

Vor allem sein ruhiges Temperament stärkte die Überzeugung, daß es eine richtige Entscheidung war – und genau das, was das junge Mädchen mehr als alles andere auf der Welt wollte. Samantha hatte sich von dem schweren Start ins Leben endlich erholt, und dieses Pony war das Sahnehäubchen obendrauf.

Nachdem Samantha das Pony gehörte, lief mit einemmal alles schief. Die Hoskins hatten Schwierigkeiten, das Tier aus der Box zu bekommen. Es stieg und scharrte und warf sich auf den Boden, um den Pferdeführern zu entgehen.

Samantha und ihrer Mutter wurde versichert, daß das Pony ein oder zwei Tage brauche, um sich einzugewöhnen, dann wäre alles in Ordnung.

Aber das Pony gewöhnte sich nicht ein. Von seinem ruhigen Temperament – dem Grund, weshalb es gekauft worden war – war nichts mehr zu spüren.

Das Tier war völlig verändert. Vermutlich hatte es bei den früheren Gelegenheiten, als sie es gesehen hatten, unter Beruhigungsmitteln gestanden.

Dieses Pony namens Rema hatte nicht die geringste Absicht, mit irgend jemandem zu kooperieren. Die Krönung seiner vielen Angriffe auf Samantha war, daß es ihr die Fingerkuppen abbiß, so daß sie schnellstens in ein Krankenhaus gebracht werden mußte, wo man die Kuppen wieder annähte.

Man kann sich vorstellen, welchen Kummer das bei der Familie auslöste. Gemeinsam hatten sie einen langen Kampf durchgestanden, damit ihre Tochter wieder fit würde. Als Belohnung dafür, daß sie es geschafft hatten, daß sich ihr Leben wieder normalisierte, hatten sie das Versprechen eingelöst, das sie ihrer Tochter gegeben hatten, als sie etwas brauchte, woran sie sich klammern konnte, um einen Grund zum Weiterleben zu haben. Und jetzt war dieses Pony selbst ein Kampf, ein Trauma. Es schien ein grausamer Schlag des Schicksals zu sein, obwohl die Familie genau das Gegenteil verdiente.

Sie suchten professionelle Hilfe für Rema. Sie schickten sie weg, um sie dressieren zu lassen. Es war unmöglich, Rema zu reiten, und sie warf selbst eine professionelle Reiterin ab. Rema kehrte zurück. Es gab zwar eine unwesentliche Verbeserung, aber im Grunde blieb das Pferd nicht reitbar.

Das schien das Ende zu sein. Samantha wollte die Hoffnung jedoch nicht aufgeben. Sie fuhr unbeirrt fort, eine Möglichkeit für das Pony zu suchen, und es ist klar, daß die Quelle ihrer positiven Einstellung der Kampf um ihre eigene Genesung in jungen Jahren war.

In diesem kritischen Stadium sah Samantha zufällig die QED-Dokumentationssendung im britischen Fernsehen, die meine Methoden zeigte und im Grunde wie eine Gebrauchsanweisung war: Die einfachen Schritte, die notwendig sind, um ein JOIN-UP zu erreichen, wurden ganz genau beschrieben.

Samantha sah sich genau an, was in der Sendung geschah. Sie begriff den Prozeß der Kommunikation zwischen Mensch und Tier. Und sie war fest entschlossen, es selbst zu versuchen.

Zu ihrer Freude funktionierte es – genau wie in der Fernsehsendung.

Es war das erste von vielen JOIN-UPs zwischen Samantha und Rema. Beide arbeiteten hart, und die böse, nicht zu reitende Rema begann, auf die neue Autorität dieses Mädchens zu reagieren. Sie blickten in dieselbe Richtung und machten gemeinsam Fortschritte.

Im Laufe der nächsten Jahre gelang es Samantha, Rema in einem solchen Maße weiterzubringen, daß sie, als sie zu groß für das Pony geworden war, das Tier als erstklassig und mit angenehmem Temperament verkaufen konnte.

Sie können sich vorstellen, wie sehr ich mich über diese Geschichte gefreut habe. Ein zierliches Persönchen, kaum ein Teenager, hatte sich meiner Methoden bemächtigt und ohne jeden fachmännischen Unterricht erkannt, wie diese Sprache funktioniert, um dann ohne Hilfe von Älteren hinzugehen und es selbst auszuprobieren. All das geschah, wenn man davon ausgeht, wo ich zum erstenmal ein JOIN-UP unter Mustangs in der Wildnis beobachtete, praktisch auf der entgegengesetzten Seite der Erde.

Samantha war sehr mutig und nahm meine Einladung an. So bekam das Publikum in der London Docklands Arena mehr geboten als das, wofür es bezahlt hatte.

Uns war nicht klar, ob eine solch große Veranstaltung durchzuführen war, aber schon seit einiger Zeit hatte ich eine Demo-Vorführung in einem großen Stadion mit bequemen Sitzen abhalten wollen. Wir hatten ausgerechnet, daß wir siebenhundert Zuschauer anlocken mußten, um nicht auch noch das letzte Hemd hergeben zu müssen. Es war eine Probe, ob sich die Idee, in einem so großen Stadion aufzutreten, umsetzen ließ. Sie zahlte sich in bemerkenswerter Weise aus, weil dem Publikum ein Experiment vorgeführt wurde, das es nicht vergessen würde – ich darf dies sagen, weil ich weiß, daß es so war.

Nach einer kurzen Einführung durch mich brachte das zierliche Persönchen sein Pferd Bess in den Longierring und demonstrierte mit Selbstvertrauen und Autorität das JOIN-UP. Fünftausendachthundert Menschen sahen ihr dabei zu, und ich bin davon überzeugt, daß jedem einzelnen das Herz bis zum Hals schlug.

Samantha gelang es, das JOIN-UP mit ihrem neuen Pferd Bess vorzuführen, wie sie es schon viele Male zuvor in privater Abgeschiedenheit ohne Publikum getan hatte.

Es war einer der bewegendsten Momente in meiner Karriere, als ich sah, wie dieses junge Mädchen von meiner Erfahrung profitiert und die Sprache »Equus« erfolgreich angewandt hatte – und nicht nur das: Sie demonstrierte es vor dem größten Publikum, vor dem ich in Großbritannien jemals live aufgetreten bin.

Samantha war zweifellos der Star jenes Abends, und sie hatte es verdient. Sie stellte einfach alle in den Schatten: mich, Dually und die Rinder. Es gab niemanden, den ihre Geschichte nicht bewegte, und man konnte die glühende Bewunderung spüren, daß sie trotz ihrer frühen Schwierigkeiten – Psychiater würden vielleicht sagen, gerade wegen ihrer frühen Schwierigkeiten – einen so starken Charakter und eine derart erfolgreiche Einstellung entwickelt hatte.

Es war eine meiner ergreifendsten Erfahrungen, und sie gestattet mir, einen gewissen Erfolg zu sehen in meinem Bestreben, die Welt pferdegerechter zu machen. Wenn es dort draußen nur ein oder zwei Samanthas gibt, dann habe ich meine Arbeit getan und mein Ziel erreicht.

## Endlich bin ich soweit, jene Geschichte zu erzählen

Es gibt in meinem Leben eine Episode, die ich im ersten Buch verschwiegen habe. Und zwar absichtlich. Sie war nicht umstritten – tatsächlich war außer mir niemand involviert –, aber es war eine Episode, die mir nach meinem Gefühl niemand glauben würde. Und wenn ich dadurch meine Glaubwürdigkeit strapazierte, würde ich all die anderen Dinge aufs Spiel setzen, die die Leute von mir annehmen sollten. Dinge, die ich – vor Tausenden von Menschen – immer wieder beweisen konnte.

Aber dennoch wurmte mich diese eine Sache. Es gefiel mir nicht, daß ich sie ausgelassen hatte. Sie war Teil meiner Ausbildung. Und in gewisser Weise gehört sie zu den wunderbarsten Erfahrungen meiner Teenagerzeit.

Jetzt, da meine Ideen auf der ganzen Welt zunehmend Anerkennung finden, kann ich auch diese Geschichte erzählen, ohne Furcht, mich lächerlich zu machen. Die Art, wie sich mir die Gelegenheit bot, diese Geschichte nicht nur zu erzählen, sondern sie sogar noch einmal zu erleben, verblüfft mich immer wieder.

Während der Tour durch Großbritannien und Irland hatte ich Kontakt zu QED, die eine erste Sendung über das JOIN-UP mit mir gemacht hatten. Diese Dokumentation hatte beachtlichen Erfolg gehabt, und natürlich waren wir im Gespräch über eventuelle weitere Sendungen.

Wir trafen uns in diesem gigantischen weißen Marmorgebäude, das White City genannt wird. Das Gebäude an sich gleicht einer kleinen Stadt, in der alle möglichen Sendungen in Auftrag gegeben und produziert werden.

Also fragte QED: Und nun? Gibt es eine weitere Sendung mit Monty Roberts? Ob ich vielleicht neue Ideen hätte?

Ich zögerte. Ich hatte nicht irgendeine Idee, sondern eine absolut unmögliche Idee. Es gab keine Chance – besonders aus dieser Entfernung –, daß die QED-Leute darauf anspringen würden. Hinzu kam, daß ich überhaupt noch nie jemandem davon erzählt hatte.

Trotzdem wagte ich es und sagte: »Es gibt da eine Geschichte, die ich immer schon erzählen wollte.«

Alle Anwesenden warteten geduldig.

Ich fuhr fort: »Als ich fünfzehn war, gelang mir in freier Wildbahn ein JOIN-UP mit einem Mustang.«

Sie schwiegen. Ich erwartete ihre Ungläubigkeit und rechnete damit, daß man mir erklärte, das sei unmöglich. Selbst für mich – der ich es vor all den Jahren in den frühen Fünfzigern erlebt hatte – schien es unwahrscheinlich, daß irgend jemand in diesem Bürogebäude aus Glas und Beton auf die Idee anspringen würde, die jedoch in meinem Kopf schnell Gestalt annahm.

»Was ich gern tun würde«, führte ich weiter aus, »ist, jenes Ereignis nachzustellen. Das Prinzip des JOIN-UP wirklich in freier Wildbahn auszuprobieren, ohne Longierring und mit einem absolut wilden Mustang. Ich habe es bereits einmal getan, und ich kann es wieder tun.«

»Wie kommen Sie darauf, daß es so laufen wird, wie Sie es sich vorstellen?« wollten die QED-Leute wissen.

Ich wies darauf hin, daß ich das Prinzip des JOIN-UP von wilden Pferden gelernt hatte, die unter natürlichen Bedingungen in der unberührten Hochwüste von Nevada leben. Wenn es überall auf der Welt in einem Longierring funktionierte, wo mir bis zu fünftausend Menschen zusahen, dann mußte es doch erst recht an dem Ort funktionieren, wo ich das Wissen erworben hatte, wo ich die Geschehnisse beobachtet hatte und wo ich – im Alter von fünfzehn – es selbst bereits praktiziert hatte. Ja, ich war mir ganz sicher, daß es funktionieren konnte.

Sie waren zwar interessiert, sicher, konnten sich aber natürlich nicht für eine solche Idee begeistern. Das war von ihren eigenen Vorstellungen meilenweit entfernt. Den Gedanken an ein solches Projekt zu verfolgen, war ihrer Meinung nach ein zu großes Risiko. Sie konnten ein Filmteam dort hinschicken, um mich bei dem Versuch zu beobachten, aber es konnte auf Grund der unterschiedlichsten Faktoren scheitern – Wetter, Schlangenbiß, Verletzung oder einfach nur Versagen. Und dann hätten sie eine Menge Geld ausgegeben, ohne dafür etwas zeigen zu können. Es war ein Experiment, und das Risiko würden sie allein tragen müssen. Die Möglichkeiten, es zu verkleinern, waren gering.

Ich verließ das weiße Marmorgebäude, ziemlich sicher, daß sie die Idee verwerfen würden. Die meisten Leute mußten davon ausgehen, daß ein Mustang seinen ersten Sattel, Zaumzeug und Reiter in freier Wildbahn ohne Zwang nicht akzeptieren würde. Und sie würden nicht mit einem Filmteam und der ganzen Ausrüstung eine solch große Entfernung zu einem so ungastlichen Ort zurücklegen, um dies herauszufinden.

Ich erinnere mich daran, daß ich mich noch einmal zu dem Gebäude umdrehte, und ich war ganz sicher, daß das Projekt damit gestorben war.

Aber die Tatsache, daß ich während der Besprechung anderen von dieser Episode erzählt hatte, gab mir das Selbstvertrauen, dazu zu stehen: Ja, mir ist ein JOIN-UP in freier Wildbahn in der Hochwüste von Nevada mit einem Mustang gelungen, und ich war fünfzehn Jahre alt.

*oben:*
*Caleb ist wirklich eine große Hilfe.*

*Seiten 66/67:*
*Das Seil kommt näher.*

*Seiten 68/69:*
*Shy Boys erstes Führseil.*

*Seiten 70/71:*
*Monty sagt: »Laß uns ein bißchen spazierengehen.« Darauf Shy Boy: »Auf gar keinen Fall!«*

*Seiten 72/73:*
*Monty sagt: »Entschuldige.« Shy Boys Reaktion: »Ich werd's dir schon zeigen, Big Boy.«*

*Die JOIN-UP-Methode heißt bitten,*
*nicht fordern.*

*Shy Boys erster Sattelgurt.*

*Cathie und Caleb Twisselman bereiten das Lager für eine wohlverdiente Rast.*

*oben:*
*Caleb richtet sich auf Montys Ankunft ein.*

*Seiten 78/79:*
*Monty kommt an, alles ist vorbereitet.*

*Allen tut die Rast gut.*

# Join-up in freier Wildbahn

Als erstes sollte ich vielleicht ein paar Worte über diese Mustangs sagen. Ihre Ahnen wurden von spanischen Siedlern mitgebracht. Diese kamen zunächst nur vereinzelt, später, im neunzehnten Jahrhundert, in Scharen. Es waren keine einheimischen Pferde – man vermutet, daß Pferde auf dem amerikanischen Kontinent vor seiner Entdeckung ausgestorben waren –, und so konnte die Zahl der wilden Pferde nur durch jene Tiere wachsen, die geflohen oder von der spanischen Kavallerie oder den »Conquistadores« – den Spaniern, die sich als Farmer niedergelassen hatten – zurückgelassen worden waren. Dies waren die Vorfahren der Mustangs, und sie kolonisierten das Herzland von Oregon und Nevada.

Wie und seit wann Pferde wieder in der Prärie und den Hochwüsten Amerikas lebten, darüber läßt sich streiten. Frei umherstreifende Pferde wurden bereits 1841 im Gebiet des Großen Beckens verzeichnet. Auch am Rand des Pyramid Lake wurden Pferdespuren gefunden, dokumentiert Fremont in seinem Tagebuch von 1843. Die Indianer waren schlau genug, die Pferde zu stehlen, die Kit Carson, einem Mitglied von Fremonts Expedition, gehörten. Laut Aufzeichnungen von Steele über das Fangen von wilden Pferden in Nevada gab es 1909 viele Tausende dieser Tiere.

In früher Zeit war Amerika vor allem ein Schlachtfeld zwischen Engländern, Spaniern und Indianern; die Indianer lernten das Reiten von den spanischen Siedlern. Der Mustang hat also dieses europäische Element in der Geschichte seiner Herkunft, und auch heute noch zeigen diese Tiere spanische Charakterzüge, beispielsweise ihr Ungestüm im Trab oder im Kanter.

Es waren harte Pferde – sie mußten die achtwöchige Überfahrt von Spanien nach Amerika überstehen. Die Pferde vegetierten normalerweise unter entsetzlichen Bedingungen auf dem Hauptdeck des Schiffs, und viele von ihnen gingen ein. So waren damals die Reisebedingungen. Das war nichts für Zaghafte, ob Mensch oder Tier. Die »Roßbreiten« heißen nicht von ungefähr so: Viele Pferde verendeten, wenn Schiffe nicht seetüchtig waren. Die Schwierigkeiten beim Transport von lebenden Tieren über den Ozean veranlaßten die Spanier, auf Kuba Pferdezuchten einzurichten.

Cortez soll angeblich gesagt haben, daß sein Sieg von den Pferden abhing.

Leider war auf seine Männer nicht immer Verlaß. Mann und Pferd zogen durch höchst unwirtliches Land, sie erklommen Berge, durchquerten Flüsse und Sümpfe, kämpften sich durch undurchdringliches Gestrüpp, und als wäre das nicht genug, hatten sie es auch noch mit den Indianern zu tun. Wenn die Männer aus Eisen waren, waren die Pferde noch härter geschmiedet.

Die Spanier hatten Jahrhunderte der Reitkunst hinter sich. Die Mauren, die Spanien erobert hatten, waren großartige Reiter und ritten in einem Stil, der als »a la ginete« bekannt war, was »Rassepferd, Reiter« bedeutet. Die Spanier brachten ihren Reitstil mit nach Amerika, und die Cowboys übernahmen ihn, veränderten aber die Position der Beine weiter nach vorne und ebenso den Zuschnitt des Sattels. Dennoch benutzten sie das Martingal immer noch und hielten eine Hand hoch über dem Sattelknopf, damit die andere Hand frei war, um mit dem Lasso zu arbeiten. Damit diese Hand frei blieb, mußten sie ein System entwickeln, mit dem sie schnell, genau und einhändig auf das Pferd einwirken konnten.

Die Ranchbesitzer in Kalifornien beschäftigten spanische Reiter, die man »Reinsmen« nannte. Sie bildeten Pferde aus, um mit Viehherden zu arbeiten, und diese Reinsmen konnten Pferde dazu bewegen, außergewöhnliche Dinge zu tun. Sie stoppten augenblicklich aus vollem Galopp, konnten einen jungen Ochsen umdrehen, der an einem Zaun entlanglief, oder ein einzelnes Tier von der Herde aussondern und es fernhalten und unter Kontrolle bringen. Die Gebisse, die sie benutzten, waren schwerer und komplizierter als die einfache Trense. Die Reinsmen trainierten ihre Pferde jedoch darauf, auch auf den geringsten Druck des Zügels oder Beins zu reagieren, und erhielten eine direkte, dynamische Antwort auf das kleinste Signal.

Bernal Diaz, der Cortez begleitete, hielt die Farben der Pferde fest: dunkle und helle Füchse, Hellbraune, Apfelschimmel, die beinahe schwarz waren, Schecken, Goldbraune, Dunkelbraune, Mahagonibraune, Braune, Rappen.

Es waren die gleichen Farben, die ich sah, als ich zum erstenmal die Hochwüste der Sierra Nevada besuchte: Das war im Alter zwischen dreizehn und sechzehn Jahren.

1948 machte ich meinen ersten Ausflug nach Nevada. Ich war dort – trotz meines jungen Alters –, um eine bestimmte Anzahl von Mustangs für das Wildpferderennen im Rahmen des jährlichen Rodeos in Salinas zu fangen. Die

Leser meines ersten Buches werden verstehen, wie ich in diese Lage kam; hier soll es jedoch genügen, wenn ich sage, daß ich selbst für die damalige Zeit ziemlich jung war, um in die Hochwüste zu ziehen und Mustangs zu fangen.

Mir war das Prinzip von »Vorstoß und Rückzug« *(advance and retreat)* bereits bekannt. Die Indianer aus Nevada hatten mir diese Information weitergegeben, und die Theorie lautet wie folgt: Wenn man eine Herde Wildpferde über eine gewisse Distanz in eine bestimmte Richtung treibt, sie dann in Ruhe läßt und sich umdreht, neigen sie von Natur aus dazu, ebenfalls umzudrehen und einem zu folgen. Die Indianer benutzten diesen Trick von Vorstoß und Rückzug, um wilde Herden zu fangen. Sie trieben die Herde mindestens einen Tag lang vor sich her und errichteten hinter sich Korrals, die zwei bis fünf Morgen groß und wie durch einen engen Flaschenhals zu betreten waren. Die Indianer benutzten dazu Draht und Pfosten und tarnten alles mit Gestrüpp. Wenn sie aufhörten, die Herde weiterzutreiben, schnellte die Herde zurück und folgte ihnen. Einige Reiter kreisten hinter den Mustangs, so daß die Falle vollständig zuschnappte: Es kostete sie keine Mühe, die Mustangs in die Falle zu treiben, die auf ihrem Weg lag. Vorstoß und Rückzug.

Auf meinen Reisen nach Nevada verbrachte ich viele Stunden damit, die wilden Herden zu beobachten. Dabei vergaß ich völlig den Grund, weshalb ich dort war, und war ganz gefangen von der Beobachtung dieses Naturphänomens. Die Art, wie die Leitstute mit unsozialem Verhalten umging, war der Idee von Vorstoß und Rückzug nicht unähnlich: Sie trieb den Übeltäter fort, und wenn sie den Druck auf ihn verringerte und sich abwandte, hatte der Übeltäter die Erlaubnis zurückzukehren.

Mein Wunsch, Pferde zu verstehen und mit ihnen zu kommunizieren, war tief in mir verankert, und in diesem Alter war ich mehr von Intuition als von Absicht geleitet. Es ist beinahe so, als wäre ein Teil von mir ebensoviel Pferd wie Mensch. Ich fühlte mich wie getrieben, sie zu beobachten und den Sinn ihrer Körpersprache zu entdecken.

Was mir immer wieder auffiel, war, wie sorgfältig die Leitstute bei der Disziplinierung des Nachwuchses war, nur positive Handlungen zu belohnen, niemals jedoch negative. Beim geringsten Anzeichen, daß ein Übeltäter zu alten Gewohnheiten zurückkehrte, wurde er sofort wieder ausgestoßen. In meinen Gedanken war das Prinzip von Vorstoß und Rückzug mit der Art verbunden, in der die Leitstute die Halbwüchsigen in der wilden Herde disziplinierte.

Es war nur ein kleiner Schritt bis zu der Erkenntnis, daß alles, was bei einer Herde von Pferden geschah, auch mit einem einzelnen Tier funktionieren mußte – unter Umständen mit spektakulären Ergebnissen. Dies könnte eine neue Möglichkeit sein, um bei der Arbeit mit Pferden deren Kooperation zu gewinnen. Daß ich einen Mustang dazu bewegen könnte, aus freiem Willen umzudrehen und zu mir zurückzukehren, davon war ich überzeugt.

Dies habe ich in meinem ersten Buch nicht erzählt, weil ich fürchtete, nur ungläubiges Staunen hervorzurufen. Obwohl ich dasselbe Experiment im Longierring in Salinas mit den Mustangs durchgeführt habe, die wir für das Wildpferderennen gefangen hatten.

Die Wahrheit ist jedoch, daß ich diese Idee zunächst in freier Wildbahn in der Hochwüste von Nevada ausprobiert habe – ohne Zaun und ohne ein menschliches Wesen in Sichtweite.

Natürlich waren meine Ziele beschränkt, denn ich war erst fünfzehn Jahre alt. Trotzdem verbrachte ich Zeit mit einem bestimmten Mustang und veranlaßte ihn, nicht mehr von meiner Seite zu weichen, sondern mir schließlich zu folgen – nach vierundzwanzig Stunden. Es war erstaunlich. Es war ein wildes, ungezähmtes Pferd, aber mit diesem kleinen Tier war mir zum erstenmal ein JOIN-UP gelungen. Es lud mich geradezu ein, seine Mutter zu sein.

Ich hielt das für eine außerordentliche Leistung, und einer der Gründe, warum ich damals abbrach, war, daß ich zur Ranch zurückeilen und den Leuten erzählen wollte, was mir gelungen war. Es war bahnbrechend und würde unseren Umgang mit Pferden revolutionieren. Ich war sicher, daß die erfahrenen Reiter meine Beobachtungen annehmen und es selbst versuchen würden.

Ich war naiv.

Das war nur die wilde Geschichte eines Jugendlichen mit überschäumender Phantasie. Prompt wurde ich ausgelacht.

Als ich mit den gefangenen Mustangs für das Wildpferderennen nach Salinas zurückkehrte, fanden mein Vater, Ray Hackworth, Tony Vargas und Dick Gillott meine Geschichte amüsant. Sie schlugen sich vor Freude auf die Schenkel.

Angesichts der Gewalt, die ich regelmäßig durch die Hand meines Vaters erfuhr, lernte ich zu schweigen.

Im folgenden Jahr, 1951, als ich wieder vertraglich verpflichtet wurde, die Expedition anzuführen, um Mustangs für das jährliche Rodeo in Salinas zu fangen, kehrte ich in die Hochwüste zurück mit dem Vorsatz, alles nur Mögliche zu tun, um meine Erfahrung des Vorjahres zu festigen.

Dieses Mal wählte ich einen Hengst, der drei oder vier Jahre alt war, agil, fit und intelligent. Innerhalb von vierundzwanzig Stunden hatte ich einen Punkt erreicht, an dem ich ihn bitten konnte, zu mir zurückzukommen. Mit dem Einsatz meines Körpers, der nach dem Körper des Pferdes ausgerichtet war, konnte ich ihn stoppen und dafür sorgen, daß er mir folgte.

Jetzt kam ich auch nahe genug an ihn heran, um ihn zu streicheln – und das war schon ein besonderer Moment, das kann ich Ihnen sagen. Sich vorzubeugen und dieses wilde Tier zu berühren, das beschlossen hatte, daß ich in Ordnung war, daß ich dieselbe Wellenlänge hatte wie er und keine Bedrohung für ihn darstellte, sondern ein Familienmitglied war, das gab mir das Gefühl, eine Meisterleistung vollbracht zu haben. Ich legte ihm locker einen Strick um den Hals und lehrte ihn, neben meinem Reitpferd zu gehen. Er zeigte keine besondere Aversion dagegen, da das JOIN-UP bereits erfolgreich gewesen war. Soweit es ihn betraf, befanden wir uns in demselben Team.

Also nahm ich einen Vordergurt und legte ihn auf seinen Rücken. Da ich das Risiko nicht eingehen wollte, unter seinem Bauch hindurchzukriechen, um an das andere Ende zu gelangen, drehte ich ein Stück Draht zu einem langen Haken, mit dem ich die Schnalle des Sattelgurtes unter seinen Bauch hindurchziehen und schließlich befestigen konnte. Dabei hielt ich den Atem an. Dies war ein erstaunlicher Fortschritt. Soweit das Auge reichte, war nur Wildnis zu sehen, und ich riskierte mit Sicherheit meinen Hals. Trotzdem schien es mir die natürlichste Sache der Welt zu sein. Es gab mich, diesen Mustang und die Wüste. Allmählich wurde mir die Wichtigkeit von »Equus« klar.

Er bockte nicht. Er war zwar nervös, aber er bockte nicht.

Ich bat ihn, eine Trense zu akzeptieren, und er tat es.

Später stieg ich von meinem Reitpferd ab, arbeitete vom Boden aus und legte ihm einen Cowboy-Sattel auf. Als der Mustang das Gewicht spürte und die Steigbügel gegen seinen Körper schlugen, unternahm er einige Male, jeweils für ein paar Sekunden, den Versuch, ihn durch Bocken loszuwerden. Aber er war weder traumatisiert noch übermäßig verängstigt. Ich hatte ihn an jenem Tag gebeten, eine ganze Reihe von neuen Erfahrungen zu machen, und mir wurde klar, daß ich ihn erst würde reiten können, wenn er noch um einiges entspannter war. Weit und breit war keine Hilfe zu finden, und wenn er mich abwarf und ich auf einen der Steine fiel, mit denen der Boden übersät war, war nicht abzusehen, wie schlimm ich mich verletzen würde.

Das Experiment war gelungen – und ich machte Schluß. Ich entfernte Sattel- und Zaumzeug und ließ den Mustang frei.

Ich war so überrascht, daß ich gar nicht glauben mochte, was da geschehen war. Es war eine ganz persönliche Beziehung zwischen mir und dem Pferd. Keine Menschenseele war Zeuge, und ich brannte natürlich darauf, jemandem davon zu erzählen. Als ich in jenem Jahr zum Hauptquartier unserer Expedition zurückkehrte, unterhielt ich mich mit den Lohnarbeitern auf der Campbell Creek Ranch. Ich erzählte ihnen, was ich getan hatte, in der Hoffnung, daß sie erkennen würden, auf was ich da gestoßen war und daß es wahr war.

Sie lachten nur und glaubten mir nichts. Sie hielten mich für einen jungen Spinner, der die ganze Episode erfunden hatte aus übertriebener Begeisterung und dem törichten Wunsch, mit seinen Fähigkeiten zu prahlen. Sie machten sich lustig über mich.

Zu diesem Zeitpunkt war ich schon so klug, bei meiner Rückkehr nach Hause dieses Abenteuer nicht zu erwähnen. Ich behielt die Erkenntnis einfach für mich.

Ich beschloß, im darauffolgenden Jahr, 1952, wiederzukommen und mir auf jeden Fall ein oder zwei Tage mehr Zeit zu nehmen, um zu sehen, ob ich einen Mustang zur Ranch zurückreiten könnte. Dann würde es keinen Zweifel mehr geben.

Die Leser meines ersten Buches werden sich daran erinnern, daß ich diese neue Technik – die ich JOIN-UP nenne – benutzte, um die Mustangs einzureiten, mit denen ich nach Salinas zurückkehrte. Nach dem Ende des Rodeos gab es mehrere hundert Stück, die verkauft werden sollten, und mein Bruder und ich beschlossen, ihren Wert zu steigern, indem wir sie einritten. Mein Bruder »brach« seine Pferde mit den damals üblichen Techniken; ich hingegen »startete« meine mit Hilfe des JOIN-UP. Auf Grund der stattlichen Anzahl von Pferden begann ich heimlich, an meiner Technik zu feilen – ohne daß mein Vater oder Ray Hackworth etwas davon mitbekamen. Es war interessant festzustellen, um wieviel schneller ich »meine« Mustangs so weit hatte als mein Bruder.

Im nächsten Jahr, 1952, war ich besser vorbereitet. Ich wußte jetzt, was ich wollte und hatte mir die notwendige Zeit reserviert, um mein Ziel zu erreichen: JOIN-UP in freier Wildbahn, dann Sattel und Zaumzeug, anschließend den Mustang zur Campbell Creek Ranch zurückreiten und es alle wissen lassen.

Ich fand einen braunen Hengst, der eine Menge andalusischer Merkmale zeigte – mit hoher Aktion vorn, mit Zotteln an seinen Fesseln, starkem Hals und starken Schultern. Er hatte Rehaugen: groß und schwarz mit strahlendem Licht, das in ihnen funkelte. Es waren außergewöhnlich freundliche Augen.

Wegen seines liebenswürdigen, heiteren Aussehens suchte ich ihn aus.

Als ich ihn von der Herde absonderte, bot er einen großartigen Anblick: Er bog seinen Hals und reckte seinen Schweif hoch in die Luft, so daß die Haare über seine Hüften fielen. Sein Schweif war so lang und dicht, daß er einen schwarzen Schleier über seinen Hinterbacken und Sprunggelenken bildete.

Und er galoppierte langsam davon – ich trieb ihn fort.

Ich war verblüfft über die kurze, abgehackte Galoppade, die so ganz anders war als die der Vollblüter. Als ich ihm folgte, ihn in verschiedene Richtungen lenkte und vor allen Dingen von mir forttrieb, ergab sich ein Muster. Ich wußte, worauf ich zu achten hatte: das Lecken und Kauen, der Kopf dicht über dem Boden. Durch meine Erfahrung im Longierring, wo ich ein Jahr zuvor nach dem Rodeo so viele Mustangs eingeritten hatte, hatte sich meine Fähigkeit, die Sprache »Equus« zu interpretieren, um ein Vielfaches verbessert.

Also war ich schneller. Noch bevor vierundzwanzig Stunden vergangen waren, konnte ich ein Lasso um seinen Hals legen und ihn herumführen. Er war sehr wild, schien sich aber stark um mich zu bemühen. Als ich den Punkt erreicht hatte, daß ich eine Longe um seine Hinterhand fallen lassen wollte – Junge, trat er da mit einer Entschlossenheit zu!

Jedesmal, wenn er trat, flüsterte ich: »Hey, Buster...« Und so erhielt er seinen Namen. Von jenem Moment an nannte ich ihn Buster.

Nachdem ich Buster so weit gebracht hatte, daß er an die Longe gewöhnt war, konnte ich förmlich sehen, daß er beschloß, nicht mehr zu treten. Ich rieb ihm den Hüftknochen, um ihm zu gratulieren. Der Vordergurt lag nach ungefähr vierundzwanzig Stunden auf ihm, und er bockte nicht. Nach ungefähr dreißig Stunden führte ich ihn gesattelt und aufgezäumt herum. Er trat einige Male nach den Steigbügeln, aber sein Bocken beschränkte sich auf ein paar Luftsprünge – mehr nicht.

Am Nachmittag des dritten Tags setzte ich einen Fuß in den Steigbügel und verlagerte mein Gewicht darauf. Er ging im Kreis, während ich im Steigbügel stand, und es schien, als könnte ich mein Bein rüberschwingen und mich sofort auf ihn setzen.

Ich wollte jedoch einige Vorsichtsmaßnahmen treffen. Zunächst erkundete ich das Gebiet mit meinem Reitpferd, um eine Stelle mit möglichst wenig Steinen zu finden, damit die Verletzungsgefahr im Falle eines Abwurfs so gering wie möglich war. Außerdem trug ich ein ungefähr acht Meter langes Lasso aufgerollt an meinem Gürtel, damit ich, falls ich abgeworfen wurde, die Möglichkeit hatte, Buster festzuhalten.

Am Morgen des vierten Tages ritt ich ihn.

Ich muß sagen, es war ein erstaunliches Gefühl. Inmitten der Hochwüste hatte ich diesen Mustang davon überzeugt, daß wir auf derselben Seite standen. Es gab keinen Longierring, und kein Zaun war in Sicht, der ihn hätte aufhalten können. Und doch stellte ich einen Fuß in den Steigbügel und stieg auf. Ich glaube, die unendliche Weite von Himmel und Landschaft machten dieses Erlebnis doppelt berauschend. Wir waren wie Nadelköpfe in dieser riesigen Wüste, und über uns wölbte sich der Himmel. Und doch hatte ich das Gefühl, als befänden wir uns im Zentrum des Universums.

Den größten Teil jenes Nachmittags ritt ich Buster. Ich achtete darauf, ihn immer nur ein paar Minuten am Stück zu reiten, und stieg auf beiden Seiten auf und ab. Außerdem gewöhnte ich ihn daran, von meinen Reitpferden aus geführt zu werden.

Dies war besonders wichtig, weil es meine Absicht war, ihn zur Ranch zu reiten, wo ich einer großen Gruppe von Cowboys beweisen wollte, daß ich nichts erfunden hatte, sondern alles Wirklichkeit war. Ich war in die Wildnis hinausgegangen, mir war ein JOIN-UP mit einem Mustang gelungen und ich hatte ihn mitgebracht.

Es waren rund zweiunddreißig Kilometer bis zur Campbell Creek Ranch. Den größten Teil des Weges ritt ich meine Pferde, um Buster frisch zu halten.

*Baumschatten in der Sierra Nevada, Kalifornien.*

*Dienstagmorgen – ein langer Tag steht bevor. Monty hofft, daß Shy Boy den Sattel und das Zaumzeug akzeptiert.*

*Vorbereitung für das Satteln: Monty legt die erste Sattelunterlage auf.*

*Monty nähert sich mit dem ersten Sattel.*

*Der erste Sattel wird auf Shy Boys Rücken gelegt. Fürs erste ist es ein sehr kleiner, leichter Sattel.*

*Seiten 94/95:*
*Shy Boy darf sich an den Sattel gewöhnen und wird dafür belohnt, daß er ihn akzeptiert.*

*Seiten 96/97:*
*Monty nähert sich Shy Boy mit einem Western-Sattel.*

*Monty legt den Gurt an den Western-Sattel.*

*Monty zieht den Western-Sattel fest.*
*Shy Boy meint, daß das »kitzelt«.*

*Monty macht Anstalten, Shy Boy das erste Gebiß anzulegen.*

*oben:*
*Ein kleiner Moment der Besinnung.*

*Seiten 102/103:*
*Als alles angelegt ist, wird Shy Boy herumgeführt.*

 *Bereit für den Reiter.*

Dann, ein paar Kilometer vor meinem Ziel und mit einem nicht geringen Gefühl der Vorfreude im Bauch, wechselte ich auf Buster. Ich ritt ihn im Trab, und er führte die anderen Pferde. Ich hatte das Gefühl, ein Ein-Millionen-Dollar-Geschäft getätigt zu haben.

Buster marschierte auf die Ranch zu, als hätte er sein Leben lang noch nichts anderes getan. Ich achtete sorgfältig darauf, wer mich als erster sah.

Eine Gruppe Männer behandelte Kälber in einem Korral, andere arbeiteten an einem Generatormotor neben einer Scheune, und wieder andere kamen aus der Schlafbaracke. Sie sahen mich an und fragten: »Was ist los?«

Ich erzählte ihnen, was geschehen war, und erwartete, daß ihr Gesichtsausdruck sich ändern und sie mich fragen würden, wie ich das denn nun genau gemacht hätte. Statt dessen nur Skepsis. »Du mußt ein bereits eingerittenes Pferd in die Herde gebracht haben«, lautete eine Vermutung.

Ich antwortete: »Schaut seine Hufe an. Er hat noch nie Hufeisen getragen. Man kann deutlich sehen, daß er ein echter Mustang ist.«

Ein anderer Cowboy meldete sich: »Ich kann schon sehen, daß er von da draußen kommt, aber du hattest einfach das Glück, einen zu finden, den ein anderer schon zwischen hatte. Einen, der bereits gebrochen ist.«

Innerhalb weniger Minuten sank mein Mut. Ich war wütend und fühlte mich frustriert. Diese vier Tage da draußen waren nervenaufreibend für mich gewesen. Ich hatte etwas erreicht, was ich für einen bedeutenden Durchbruch im Umgang mit Pferden hielt. Und doch glaubte jeder, ich erzählte nur Geschichten, alles sei erfunden. Nach dem physischen und mentalen Streß der letzten vier Tage war das einfach ungerecht.

Als wir in jenem Jahr jedoch aus der Hochwüste mit unseren Mustangs für das Rodeo nach Salinas zurückkehrten, erzählten zwei oder drei der Arbeiter den Leuten, sie hätten gesehen, wie ich mit dem Mustang angeritten kam, nachdem dieser in der Wildnis Sattel, Zaumzeug und Reiter akzeptiert hatte.

Und ich selbst sprach darüber, denn ich hatte beschlossen, daß die Leute davon erfahren sollten. Ich war aufgeregt wegen der sich daraus ergebenden Möglichkeiten, mit Pferden zu arbeiten.

Aber jeder brachte mich zum Schweigen und demütigte mich. Das sei ein zu dick aufgetragenes Märchen, das sich so nicht zugetragen haben könne, wie ich es ihnen allen weismachen wollte.

Als mein Vater die Geschichte hörte, verspottete er mich und nannte mich einen ausgemachten Lügner.

Das war zuviel. Ich legte die ganze Geschichte ad acta. Niemandem würde ich auch nur ein einziges Wort mehr davon erzählen, sondern meine Arbeit heimlich fortsetzen.

Es war eine bittere Erfahrung, mit dem Wissen, das ich hatte, zuzusehen, wie mein Vater auch weiterhin Pferde »brach«. Etwa sechs Tiere, die im Korral angebunden waren. Der beschwerte Sack, der auf sie geworfen wurde, um ihnen Angst einzujagen und sie zum Aufgeben zu zwingen, wenn die Riemen hinter ihren Ohren sich spannten und ihnen starke Schmerzen verursachten. Das Hochbinden ihrer Beine, verbunden mit dem ständigen Aussacken. Der dreiwöchige Kampf, um ihnen jeden Widerstand auszuprügeln. Ihre Unterwerfung, wenn sie erschöpft und vollkommen verängstigt dalagen. Über ihre ausgestreckten Körper zu gehen, als Zeichen der Dominanz. Auf ihnen zu sitzen. Nichts von alledem war nötig.

Dies war die Geschichte, die ich Lorraine Hegessey und ihrem Team in jenem klotzigen BBC-Gebäude erzählt hatte. Mein Vorschlag, sie sollten das filmen, was ich vor beinahe fünfzig Jahren erlebt hatte, bedeutete, gelinde gesagt, das Glück herauszufordern.

Ich hatte meinen sechzigsten Geburtstag bereits hinter mir, fünf meiner Wirbel waren versteift, und die Wahrscheinlichkeit, daß ich eine solche physische Herausforderung überhaupt überstehen würde, war nicht sehr groß. Die Umstände dort oben in Nevada haben sich verändert, die Mustangs stehen inzwischen unter Naturschutz.

## Wieder unterwegs

Nach der Besprechung in White City ging ich wieder auf Tour. Es hatte mich ziemlich ausgelaugt, den Leuten zu erzählen, was ich zwischen 1950 und 1952 zum erstenmal in freier Wildbahn zustande gebracht hatte. Ich hatte das Gefühl, genug geredet zu haben; zurück an die Arbeit. Dually wartete darauf, den Briten zu zeigen, was er konnte.

Als wir in Schottland waren, bot sich Ihrer Majestät der Königin die einzige Gelegenheit, uns in Windsor zu empfangen. Für diese eine Show mußten wir alles zusammenpacken und den ganzen Weg nach London zurückreisen. Es war die Sache wert.

Wir kamen in Windsor Castle an und übernachteten bei Terry und Sue Pentry auf dem Schloßgelände. Der Rest des Teams erschien am nächsten Tag, um die Vorführung in der Reithalle der Mews (den königlichen Marställen) vorzubereiten. Ihre Majestät hatte darum gebeten, daß die Veranstaltung genauso ablief wie an jedem anderen Vorführungsort. Sie wollte eine Vorstellung von der Vorführung bekommen, die auch alle anderen sahen. In diesem Fall bestand unser Publikum allerdings nur aus Ihrer Majestät der Königin, Prinzessin Margaret und einigen Personen aus dem Gefolge. Es erfüllt mich stets mit Stolz, nach Schloß Windsor zu kommen. Es ist ein geschichtsträchtiger Ort, was Pferde betrifft, und zugleich ein ehrfurchtgebietender Ort.

Dually erfüllte seine Aufgabe gut. Es war ein seltsames Gefühl, dieses Western-Show-Pferd in dieser Reithalle zu reiten, die so kultiviert und herrschaftlich war. Die hohen gotischen Fenster waren tief in dicke Steinmauern geschnitten und ließen Lichtstrahlen herein. Es war ganz anders als alles, was Dually bisher in seinem Leben gesehen hatte, das steht fest. Er war ein Cowboy-Pferd, das – gesellschaftlich gesehen – ganz oben angekommen war.

Nach Beendigung der Vorführung kamen Ihre Majestät die Königin und Prinzessin Margaret von dem verglasten Balkon herunter in den Longierring. Sie streichelten Dually und bewunderten seine Kraft und Agilität. Ich meinerseits bestätigte, was ich Ihrer Majestät schon einmal gesagt hatte: Es gibt keine prächtigere Reithalle auf der Erde als die in Windsor Castle.

Als ich Großbritannien und Irland verließ, wußte ich, daß diese Tour ein Erfolg gewesen war. Das Buch verkaufte sich besser, als irgend jemand gehofft hatte, und die Akzeptanz, die ich in Großbritannien und Irland gefunden hatte, war größer als zuvor. Die lange Reise mit Dually hatte sich gelohnt.

Traurig war nur, daß Tuffy Dually auf dem Rückweg nicht begleitete. Wir hatten sie in Schottland verkauft, so daß Dually ganz allein zurückreisen mußte. Es war eine lange Reise, und wir alle waren völlig erschöpft. Der Höhepunkt dieser Tour 1997 würde natürlich immer Samantha sein, aber wir nahmen viele angenehme Erinnerungen an Reaktionen der Menschen auf Dually und seine Leistungen mit uns. Und natürlich war die Aufregung um den Verkauf des Buches eine einmalige Erfahrung.

Zurück auf Flag Is Up Farms erwartete mich eine gute Nachricht von Lorraine Hegessey, der verantwortlichen Redakteurin der QED-Sendungen: Sie freue sich, mir mitteilen zu können, daß, wenn ich bereit sei, die BBC das Risiko auf sich nehmen und einen Film drehen würde, in dem ein JOIN-UP mit einem Mustang in freier Wildbahn gezeigt würde.

## Die Vorbereitung

Auf was zum Teufel ließ ich mich da ein? Ich war zweiundsechzig Jahre alt. Mein Rücken war in einem erbärmlichen Zustand. Vor einigen Jahren hatte man fünf Wirbel miteinander verbunden und das weiche Innere der Bandscheiben dabei abgesaugt. Konnte ich wirklich zwei Tage und Nächte lang durch dick und dünn reiten, mich den extremen Temperaturschwankungen in der Hochwüste aussetzen, den Klapperschlangen sowie den Löchern im Boden ausweichen, reitend essen und trinken – konnte ich all das tun und zudem noch das Ziel erreichen, das mit diesem Projekt gesteckt war, den Mustang nach Hause zu reiten?

Ich hatte es schon einmal geschafft, als ich noch ein Teenager war, und niemand hatte mir geglaubt. Jetzt endlich, beinahe fünfzig Jahre später, erhielt ich die Chance zu beweisen, daß ich das alles nicht erfunden hatte, sondern daß es wirklich geschehen war. Es gab kein Vertun: Ein Filmteam der BBC würde jede meiner Bewegungen aufzeichnen. Diese Jungs sind erfahrene Dokumentationsfilmer. Ihre Methode, die Sendung zusammenzustellen, würde garantieren, daß es nicht den geringsten Zweifel an der Authentizität gab.

Ich konnte dieses Angebot nicht ablehnen. Es ging auf Biegen oder Brechen. Ich mußte es tun, und es war mir wichtiger, als ich selbst gedacht hätte. Jetzt, da sich mir diese Gelegenheit bot und ich die finanziellen Mittel hatte, eine solche Expedition auf die Beine zu stellen, wurde mir schlagartig klar, wieviel es mir bedeutete. Ich hatte mir immer eingeredet, daß es keine Möglichkeit geben würde, dieses Projekt jemals zu realisieren, und daß ich mich mit dieser Tatsache abfinden müsse. Und genau aus diesem Grund hatte ich die Geschichte in meinem ersten Buch nicht erzählt. Ich hatte mich selbst gewarnt, nicht längst vergangenen Dingen nachzuhängen, die ich sowieso nie wieder würde tun können.

Aber jetzt hieß es: Volle Kraft voraus.

Problem Nummer eins: der Mustang.

Problem Nummer zwei: die Zeit.

Anhand dieser Reihenfolge werde ich erklären, was wir bewältigen mußten, um die Idee auf den Weg zu bringen.

Der Mustang ist inzwischen in Amerika eine kulturelle Ikone – und eine gefährdete Spezies. Er ist Teil unseres Erbes. Demzufolge stehen die Mustangs zu Recht unter Naturschutz. Es ist per Gesetz verboten, sie in irgendeiner Weise zu stören. Sie gehören dem Bureau of Land Management (BLM), und es ist gesetzwidrig, sich ihnen in der Wildnis zu nähern. Ich schilderte dem BLM, was ich vorhatte, aber dort wollte man nichts davon hören. Wenn man für mich eine Ausnahme mache, schüfe man einen Präzedenzfall. Ich wurde einfach abgewiesen.

Dann war da noch der Zeitdruck: Als Lorraine Hegessey bei mir anrief, war es Februar. Die Klapperschlangen erwachen im April aus dem Winterschlaf; und das Risiko eines Brandes steigt rapide. Also mußte es vorher geschehen. Außerdem brauchte ich den richtigen Mondschein, damit ich nachts ein wenig sehen konnte.

Die ideale Zeit war das letzte Wochenende im März: Ostern.

Das wäre kein Problem, abgesehen von einem kritischen Punkt: Durch die Weigerung des BLM hatte ich nur eine Möglichkeit, einen Mustang zu bekommen: Ich mußte ihn »adoptieren«. Das gehört zum System des Herden-Managements. Eine bestimmte Anzahl wird in offenes Gelände getrieben – oft mit Hilfe von Hubschraubern. Am Hals der Tiere werden Nummern eingebrannt, und dann werden sie anerkannten Haltern zur Adoption angeboten. Die Mustangs werden nicht verkauft, weil der Aspekt des Profits der Gesamtsituation schaden könnte. Die Namen der Bewerber werden auf Zettel geschrieben, diese dann in einen Hut geworfen, und wenn man Glück hat, wird der eigene Name gezogen und man kann bei einer Adoption bis zu vier Tiere übernehmen. Diese Mustang-Lotterie findet jedoch nur ab und zu statt. Als ich von QED grünes Licht erhielt, die Sendung noch im gleichen Jahr zu realisieren, verließ mich der Mut angesichts des notwendigen zeitlichen Rahmens. Wir brauchten eine Menge Glück...

In dieser Situation, Gott ist mein Zeuge, kam einer meiner Studenten zu mir gelaufen und sagte: »Monty, sehen Sie, es findet eine Adoption statt...«

»Wann?«

»Morgen!«

Wir hatten also Glück und landeten auf den Füßen. Es schien, als wäre das Schicksal auf unserer Seite, weil dies geschah. Wir sprangen in den Truck und machten uns auf den Weg nach Paso Robles.

Nun muß man wissen, daß ein Mustang, der per Helikopter ausgesondert und gefangen wurde, nicht weniger wild ist; eher im Gegenteil. Sein Adrenalinspiegel ist unglaublich hoch. Die ganze Erfahrung versetzt ihn in Fluchtstimmung, folglich würde er viel schwieriger zu beruhigen sein.

Es stimmt, ich hätte einen weniger wilden Mustang gehabt, wenn man mir gestattet hätte, ihn aus einer wilden Herde in seinem heimischen Gebiet herauszuholen.

Ich war nur an Hengsten interessiert, weil bei Stuten die Möglichkeit besteht, daß sie tragend sind. Deshalb wollte ich drei Hengste haben: einen möglichst gut aussehenden für die Arbeit vor den Kameras sowie zwei Ersatzpferde. Alle drei Tiere sollten zwei bis drei Jahre alt sein.

Von den zweihundertzwanzig Mustangs, die zur Adoption standen, paßten nur zwanzig in diese Kategorie.

Unsere Namen kamen in einen Hut. Da jedem Los vier Mustangs zugeteilt wurden, konnten nur fünfundfünfzig Personen aus der dicht gedrängten Menge das Glück haben, an jenem Tag die Chance zur Adoption zu bekommen.

Wieder einmal waren die Chancen des Unternehmens vom Schicksal abhängig. Kurz gesagt: Wir brauchten noch mehr Glück.

Also warteten wir, meine Studenten und ich, während die Namen aufgerufen wurden.

Bei neunundvierzig war meiner noch nicht genannt worden, auch bei einundfünfzig nicht. Nun gut, ich würde nach Hause fahren und das Team von QED anrufen müssen, um ihnen mitzuteilen, daß die Dreharbeiten abgesagt werden müßten.

Als letzter wurde mein Name aufgerufen. Das Glück war uns treu, nachdem wir um Haaresbreite gescheitert wären.

Das nächste bißchen Glück brauchten wir, um aus der Gruppe der zwanzig männlichen Tiere genau unsere Mustangs zu bekommen. Ich sah mir die Mustangs im Korral an und schrieb mir drei Nummern auf. Da ich als letzter an der Reihe war, wäre es ein großer Zufall, diese drei Mustangs zu erhalten.

Wieder blieb uns das Glück hold, und ich bekam die Mustangs, die ich haben wollte. Ich hatte jetzt das Gefühl, daß es wohl klappen sollte. Wir hatten drei Erfolgstreffer direkt hintereinander gehabt. Jemand wachte über mich. Ich war bestimmt, das zu tun. Vielleicht war es sogar Absicht, daß ich so lange warten mußte, um mir dies zu beweisen. Denn jetzt konnte ich es mit einem Filmteam tun und der ganzen Welt zeigen, daß es wahr war.

Meine drei Junghengste wurden in die Verladevorrichtung getrieben, ohne zu ahnen, daß sie für ein einmaliges Experiment adoptiert worden waren.

Zurück auf den Flag Is Up Farms, kamen die Mustangs in die Umgebung zahmer Pferde. Sie waren verängstigt, verwirrt. Als sie hörten, wie andere Pferde einander riefen, liefen sie in eine Ecke der Einfriedung, kauerten sich aneinander, senkten die Köpfe und bewegten sich so verstohlen wie möglich. Ihrer Ansicht nach verstießen die zahmen Pferde gegen die Regeln: Durch ihr Rufen lockten sie Raubtiere aus meilenweiter Entfernung an. Ich war schon oft Zeuge dieses Phänomens gewesen, aber für meine Studenten war es interessant, aus erster Hand den Unterschied in der Kultur des Wildpferdes zu sehen.

Meine oberste Sorge war, wie wir sie von hier wegbringen konnten, denn ich wollte nicht, daß sie unter Menschen waren, und vor allen Dingen wollte ich nicht, daß sie in meiner Nähe waren. Ich hatte mit der BBC Maßnahmen besprochen, um sicherzugehen, daß die Leute wußten, daß wir es mit einem wilden Pferd zu tun hatten und daß der einzige Weg, eines zu bekommen, diese Adoption war. Wir beschlossen, neutrale Beobachter hinzuzuziehen, die

die Mustangs von jetzt an bis zum Beginn des Projekts ständig beobachten würden, um den objektiven Beweis dafür zu liefern, daß die Tiere völlig wild waren und keinen Kontakt mit Menschen hatten.

Deshalb heuerte ich Carol Childerley von der Santa Barbara Wildwatch Association an und übertrug ihr ab diesem Punkt die Verantwortung für die Mustangs. Sie traf die nötigen Vorbereitungen für den Transport der drei Junghengste in die Hochwüste, wo sie auf der zweiundvierzigtausend Morgen großen Ranch von Pat Russell, The Chimeneas, einer wilden Herde in Privatbesitz hinzugefügt werden sollten. Carol würde sie regelmäßig überprüfen, um zu bestätigen, daß sie unberührt waren und ihr Status sich nicht verändert hatte. Dies waren wilde Pferde.

Adoptierte Mustangs können nicht wieder zurück auf das Land, das dem BLM gehört. Die entsprechende Satzung besagt, daß sie auf privatem Grund gehalten werden müssen, und die Chimeneas Ranch, die wir glücklicherweise benutzen durften, war sehr nah an ihrer natürlichen Umgebung. Nur ein Zaun alle knapp zwanzig Kilometer erinnerte daran, daß dies nicht unkultiviertes Land war...

Wir gaben den Mustangs Namen: Das Hauptpferd nannten wir Shy Boy, das erste Ersatzpferd Mustang Sally und das zweite Franco.

Nachdem wir all dies arrangiert hatten, hatte ich das Gefühl, die größten organisatorischen Schwierigkeiten überwunden zu haben. Die BBC arbeitete überaus professionell und hatte mit John Groom einen Regisseur verpflichtet, der für seine Arbeit mit Pferden bekannt war. Alles, was jetzt noch zu tun war: Wir mußten unsere eigenen Pferde und die Ausrüstung vorbereiten und auf den Ostersonntag warten.

*Landschaftsszene in Kalifornien.*

*Beim ersten Versuch aufzusteigen, meint Shy Boy: »Macht ihr Scherze? Keine Chance.«*

*Der zweite Versuch ist erfolgreich. Das ist die Minute, in der das Reiten beginnt.*

*Glückwünsche allenthalben.*

*Seite 118:*
*Am Morgen danach: Zwei Freunde erinnern sich daran, eine große Herausforderung erfolgreich bestanden zu haben.*

*oben:*
*Monty, Dually und Shy Boy bestaunen die Frühlingsblüte der Yucca-Palme.*

*Monty, Dually und Shy Boy erfreuen sich an der kalifornischen Landschaft.*

*Shy Boy bekommt eine Streicheleinheit von Monty.*

*Monty, Dually und Shy Boy –*
*Momentaufnahme in den Bergen.*

*oben:*
*Christian Bunnemann hält Ausschau*
*über die Wildnis.*

*Seiten 126/127:*
*Mart und T. J. sind jetzt überzeugt!*

*Auch hier sind alle Zweifel ausgeräumt.*

## Gegen Grausamkeit

An diesem Punkt sollte sich der Leser noch einmal vor Augen halten, daß mein Umgang mit Pferden immer davon geprägt war, das Gegenteil von grausam zu sein. Dieser Ehrgeiz wurde bei mir vor allem durch zwei einschneidende Erfahrungen geweckt. Zunächst durch die Beobachtung der grausamen Methoden, die mein Vater – ebenso wie viele andere – anwandte, indem er Pferde schlug, bis sie sich ihm unterwarfen, ihre Beine hochband und über sie ging oder sich auf sie setzte. Und zweitens, weil ich Zeuge wurde, wie mein Vater 1943 einen Schwarzen zu Tode prügelte. Hinzu kamen die regelmäßigen körperlichen Züchtigungen durch meinen Vater, die meinen Charakter formten und mich zu der Persönlichkeit werden ließen, die ich heute bin.

Vielleicht ist es kein Zufall, daß meine Vorführungen besonders bei jenen Zuschauern auf großes Interesse stoßen, die selbst körperlich mißhandelt wurden. Es war ein unerwarteter, aber lohnender Aspekt der Vorführungen, daß einige meiner Zuschauer eine viel intensivere und persönlichere Katharsis erfuhren, wenn sie beobachteten, was ich tue und warum. Soweit ich weiß, haben alle, die bei meinen Vorführungen Anfälle erlitten, sexuelle oder körperliche Mißhandlung erfahren. So habe ich den Menschen nicht nur die Sprache »Equus« gezeigt, sondern ich hatte auch oft das Privileg, persönliche Beichten über menschliche Erfahrungen zu hören – und manchmal hatte ich auch die Gelegenheit, ein wenig zu helfen.

Mißhandlungen in Familien sind weiter verbreitet, als ich je gedacht hätte. Von tausend Menschen, die einer meiner Vorführungen beiwohnen, kommen anschließend zwischen drei- und fünfhundert zu mir, um mit mir zu sprechen, während sie mein Buch oder das Video kaufen. Von diesen wiederum berichten ungefähr zehn bis fünfzehn von körperlicher Mißhandlung in ihrer eigenen Familie. Oft sind sie hoch erfreut, daß es ihnen endlich gelungen ist, darüber zu sprechen; es ist nicht leicht.

Eine etwa gleich hohe Anzahl von Personen – vermutlich die schlimmsten Fälle – vermeidet es unter allen Umständen, über die schlimmen Erfahrungen zu sprechen. Und zwar aus gutem Grund. Denn darüber zu reden, kann Familien auseinanderreißen. Ich weiß das aus eigener Erfahrung. Nach der Veröffentlichung meines ersten Buches überschüttete mich eine ganze Reihe meiner Verwandten mit absurden Anwürfen und Vorhaltungen. Sie behaupteten, ich hätte alles nur erfunden und es sei nie so schlimm gewesen. Damals seien die Erziehungspraktiken nun mal so gewesen. Sie taten sich zusammen, um mich der Lüge zu beschuldigen. Lassen Sie mich Ihnen eines gestehen: Es ist eine sehr verwirrende und verletztende Erfahrung!

Meiner Meinung nach sollte man niemals zu Grausamkeit und Gewalt greifen. Seinen eigenen Sohn mit einer Eisenkette zu schlagen, ist keine Lösung. Mißhandlung ist immer destruktiv. Einige Menschen erholen sich von diesen traumatischen Erlebnissen, aber für viele ist der Schaden irreversibel – so wie es auch bei Tieren geschehen kann.

Es war nicht immer angenehm, die Geschichte meines Lebens gedruckt herauszubringen. Soweit es meine Seite der Familie betrifft, bedeutete es Krieg. Dies ist der Preis, den ich zahlen muß, weil ich deutlich meine eigene Meinung vertrete. Die Weigerung meiner Verwandten, bestimmte Fakten meiner Vergangenheit anzuerkennen, die sie nicht kennen können, weil sie nicht dabei waren, ist nichts anderes als das Bemühen, eine eigene Familiengeschichte zu erschaffen, die meine Version nicht zuläßt. Meine Darstellung meines Vaters bedroht den guten Ruf der Familie. Die Auseinandersetzung mit ihm ist ein nicht enden wollender Versuch, kann ich noch hinzufügen, denn sie hört nicht auf.

Dennoch bin ich der Meinung, daß es den Preis immer wert ist. Über diese Dinge nicht zu sprechen hieße, sie zu verschleiern und sogar zu dulden.

Den vielleicht dramatischsten Fall, daß mir ein Wildfremder zum erstenmal von körperlicher Mißhandlung erzählte, erlebte ich kürzlich auf unserer ersten Amerika-Tour, die mit der Veröffentlichung meiner Autobiographie in den USA zusammenfiel.

Wir waren in Memphis, Tennessee. Die Vorführung lief gut, und mein Verleger sowie der örtliche Buchhandel hatten alles arrangiert, damit mein Buch und natürlich auch das Video im Anschluß verkauft werden konnten. Normalerweise signiere ich nicht nur die Bücher, sondern spreche auch mit jedem, der mich etwas fragen möchte. Ich halte es für meine Pflicht, erst dann zu gehen, wenn aus dem Publikum niemand mehr etwas von mir wissen möchte.

In der Schlange vor dem Tisch stand ein ziemlich ungehobelter und zerzauster Typ Cowboy, dem ich in meinem ganzen Leben schon überall in den

USA begegnet bin. Er war um die vierzig, ein stattlicher Kerl, über einsneunzig groß und hundertzehn Kilo schwer, wettergegerbt, weil den ganzen Tag draußen in der Sonne, zäh, mit den üblichen Stiefeln, Jeans, dem Hemd und einem Cowboy-Hut, der schon in vielen Korrals auf dem Boden gelegen hatte. Kurz gesagt: der Archetyp des grimmigen, knorrigen Cowboys.

Als er an der Reihe war, stellte er mir ein paar Fragen, die mich vermuten ließen, daß er skeptisch war gegenüber dem, was er gerade in meiner Vorführung gesehen hatte. Ich glaube, er wollte mich dazu bringen, mich seiner Überzeugung anzuschließen, daß man Pferde ab und zu ein wenig hart anfassen müsse, weil sie sonst nicht parieren. Gelegentlich müsse man sich ein Pferd richtig vornehmen und ihm eine tüchtige Abreibung verpassen. Er sagte das nicht aggressiv, aber ich konnte deutlich merken, daß dies seine Einstellung war.

Ich werde mich dieser Meinung niemals anschließen, aber ich war über seine Haltung nicht beunruhigt, da er mit dem Buch und einem Video fortging, was immerhin bedeutete, daß er bereit war zuzuhören. Diejenigen, die schon lange und sehr hart mit Pferden arbeiten, müssen viel aufgeben, wenn ich sie bitte, sich zu überlegen, daß die Art und Weise falsch sein könnte, wie sie in all den Jahren gearbeitet haben.

Ich erwartete nicht, den Cowboy wiederzusehen.

Am zweiten Abend waren mein Team und ich wieder da. Derselbe Ort, ein anderes Publikum. Mit einer Ausnahme: Der Kerl vom Vorabend war auch da. Ich bemerkte ihn sogleich. Es passiert nicht häufig, daß jemand an zwei aufeinanderfolgenden Abenden die Vorführung besucht. Nichtsdestoweniger war er wieder da.

Die Vorführung verlief ebenfalls erfolgreich, und es gab keine Zwischenfälle. Anschließend machte ich mich wie immer bereit, mit den Leuten zu sprechen, falls sie mir Fragen stellen wollten, und Bücher zu signieren. Ich war daran gewöhnt, bei diesen Gelegenheiten das Umhängemikrophon eingeschaltet zu lassen, so daß jeder hören konnte, was ich über die Lautsprecheranlage sagte.

Und siehe da: Unser Cowboy stand wieder in der Schlange. Als er näher kam, vermutete ich, daß er mir Fragen zum Buch und zum Video stellen wollte, die er am Abend zuvor gekauft hatte.

Dann war er an der Reihe. Dieses Mal waren es ganz präzise Fragen zum JOIN-UP. Zwischendrin fragte ich ihn aus einem Gefühl heraus: »Ich nehme an, Sie haben es schon selbst versucht. Wie ging es?«

Er zögerte einen Moment. »Nun, ich bin wieder da.«

Ich drängte weiter: »Dann muß es ganz gut gelaufen sein.«

Da gestand er: »Es ist nicht das Pferd, weshalb ich so besorgt bin.«

Ich brauchte einen Moment, bis ich merkte, daß er das Thema unseres Gesprächs gewechselt hatte.

Ich fragte: »Worüber sind Sie besorgt?«

Er deutete auf einen weiter entfernt liegenden Teil des Gebäudes. »Es geht um diese kleinen Mädchen.« Ich konnte vier Mädchen im Alter zwischen sechs und elf Jahren brav in einer Reihe stehen sehen. »Das sind meine Töchter, und mir ist heute klargeworden, was ich ihnen angetan habe. Ich hoffe, es ist noch nicht zu spät. Zum Teufel mit den Pferden. Ich bin brutal zu diesen Mädchen gewesen, und es war alles unnötig und...«

Ich konnte die Emotionen in ihm aufsteigen sehen und ergriff seine Hand. In dem Moment begann er zu schluchzen.

Ich schaltete sofort das Mikrophon aus und trat von dem kleinen Podium, das für mich aufgebaut worden war. Die anderen sahen zu, wie wir alle es wahrscheinlich auch tun würden. Aber das hier war eine ganz persönliche Geschichte. Also ging ich mit ihm ein Stück beiseite.

Die kleinen Mädchen standen in einer Reihe neben einem Anhänger, und wir sahen zu ihnen hin, während ihr Vater darum kämpfte, die Tränen zurückzuhalten. Ich fragte ihn, ob die Mädchen auch am Abend zuvor hier gewesen seien, und er sagte nein. Er hatte den Tag mit ihnen verbracht und versucht, ihnen zu erklären, daß er sie falsch behandelt hatte. Obwohl sein Verhalten ihnen gegenüber von »elterlicher Liebe« geprägt war, um sie zu erziehen und zu disziplinieren, war er sich jetzt der Tatsache bewußt, daß er aus Frustration grausam gehandelt und ihn einzig der Wunsch geleitet hatte, sie zu dominieren. Jetzt war ihm klar, daß er in moralischer Hinsicht unrecht hatte, und die von ihm angewandten Methoden waren angesichts der Aufgabe, vier gesunde Töchter aufzuziehen, völlig ineffektiv.

An diesem Punkt schluchzte er an meiner Schulter laut auf. Bedenken Sie, daß sich diese Szene zwischen zwei ziemlich bodenständigen Cowboys in einiger Entfernung von Menschen abspielte, die uns höflicherweise etwas Platz ließen. Wir müssen ein befremdliches Bild abgegeben haben.

Als ich ihn zu trösten versuchte, kamen die vier Mädchen mit unbewegter Miene näher. Sie wirkten wie gebannt.

Wir sprachen noch einige Minuten weiter, meine Hände auf seinen Schultern. Ich sagte ihm, daß ich es für das Tapferste hielte, was jemand tun könne, und daß ich ihn bewundere. Seine Ehrlichkeit eröffne seiner Familie ganz neue Möglichkeiten, produktiv und gutherzig miteinander umzugehen.

Ich wußte nicht genau, was ich als nächstes tun sollte. Dies war ein höchst emotionsgeladener Moment für ihn und seine Familie, ein Angelpunkt, der ihrem Leben eine andere Richtung geben würde.

Ich sprach einfach weiter mit ihm. Er haßte sich selbst dafür, weil er seine Töchter so schlecht behandelt hatte, aber genau in diesem Moment sollte er das nicht mehr tun, weil er sein Fehlverhalten mutig erkannt hatte. Er hätte sich ja auch bequem dagegen sperren können, was er aber nicht tat. Statt dessen ergriff er die Chance, den Umgang mit seinen Töchtern zu ändern.

In dieser Situation konnte man ihn nicht sich selbst überlassen.

Glücklicherweise befand sich im Publikum eine Dame, die in der Gegend von Memphis als Jugendfürsorgerin arbeitete. Sie hatte mitbekommen, was los war, und bot ihre Hilfe an. Ich war froh, daß sich ein Profi der Sache annahm.

Sie schlug unserem Cowboy vor, ihn mit einem Familientherapeuten zusammenzubringen, mit dem er sich unterhalten könne, um die Sache weiter voranzutreiben. Ich umarmte den Cowboy und muß sagen, daß auch mich die Situation unglaublich bewegte. Unser Gespräch hatte mich erschöpft, weil es mich sehr an die Behandlung durch meinen eigenen Vater erinnerte. Ich war regelmäßig von meinem Vater geschlagen und physisch mißhandelt worden, und ich kann garantieren, daß er das Gefühl hatte, im Recht zu sein, und daß er die gleiche Rechtfertigung dafür hatte wie dieser Cowboy.

Manche Dinge verändern sich nicht sehr stark, aber ich denke immer noch an die vier kleinen Mädchen und hoffe, daß sie jetzt auf einem anderen Weg sind. Ich hoffe, sie belohnen ihren Vater für seinen Mut und seine Aufrichtigkeit einzusehen, daß er sich geirrt hatte.

Der Cowboy verließ das Gebäude mit seinen vier Töchtern und der Fürsorgerin.

Langsam ging ich zum Podium zurück und ließ mir ein oder zwei Augenblicke Zeit, um mich nach dieser intensiven, unerwarteten Erfahrung wieder zu sammeln. Die Misere des Cowboys berührte mich wirklich. Der Anblick der kleinen Mädchen mit den ausdruckslosen Mienen und der Gedanke daran, was sie vielleicht durchgemacht hatten, war beunruhigend. Und doch gibt es noch viel mehr Famlien, die in einem Milieu der Gewalt leben, als wir uns vorstellen können. Familien können wahre Experten darin werden, Gewalt zu übertünchen und Traumata zu maskieren. In diesem Fall war die Familie durch die Auswirkungen der Gewalt noch sehr mitgenommen, aber hoffentlich durch seine starke und plötzliche Erkenntnis, daß sein Handeln falsch war, auch im Umschwung. Ich wünschte ihnen von Herzen nur das Beste.

Dann stieg ich auf das Podium, schaltete das Mikrophon ein und machte ganz normal weiter.

## Die Hochwüste

Das Cuyama Valley liegt zwischen der Sierra Madre und der Caliente-Kette in Kalifornien. Geologisch gesehen ist es ein außergewöhnlich interessantes Gebiet. Am östlichen Ende befindet sich die San Andreas Fault, die an dieser Stelle ihre Richtung um ungefähr fünfundzwanzig Grad in nordwestlicher Richtung ändert. Deshalb sind die Berge gegen den Uhrzeigersinn versetzt und gleichzeitig gedreht. Das klingt gefährlich, aber diese Bewegung ist weder zu sehen noch zu hören. Meistens ist es eine zivilisierte, wenn auch komplizierte Drehung und Windung der Erdkruste – abgesehen von den gelegentlichen Erdbeben natürlich.

Das Cuyama Valley befindet sich in einer sogenannten Querkette, einer Bergkette, die sich von Osten nach Westen zieht, zwischen den dominanten Ketten, die von Norden Richtung Süden laufen. Es ist trockener, weil dort viele Stunden die Sonne scheint. Der Boden besteht aus Granit und Sandstein, Quarz, Feldspat und Lehm. Da ich selbst farbenblind bin und nur schwarzweiß sehe, möchte ich denjenigen sagen, die Farben erkennen können, daß es ein breites Spektrum von Ocker, Orange, Schiefergrau, Kalkweiß und Creme zu sehen gibt. Die Flora der Hochwüste ist beeindruckend: Die Yucca, eine meiner Favoriten, blüht mit einer weißen, beinahe leuchtenden Blüte, die hoch auf einem Stamm sitzt, so daß sie im Mondlicht von Motten bestäubt wird. Sie wird deshalb auch als Wüstenkerze bezeichnet.

In das Cuyama Valley wurden meine drei adoptierten Mustangs gebracht, um dort zu der wilden Herde auf der Chimeneas Ranch zu stoßen. Ungefähr jede Woche würde Carol Childerley an Ort und Stelle überprüfen, ob Shy Boy, Mustang Sally und Franco okay waren.

Die Ranch mit ihren zweiundvierzigtausend Morgen Land war auf Grund ihrer Größe der freien Wildbahn so ähnlich, daß man keinen Unterschied bemerkte – wir waren in der Wildnis. Ich war bereit, mir und all den anderen zu beweisen, daß ich das, was mir Anfang der fünfziger Jahre geglückt war, nämlich ein JOIN-UP ohne Longierring in freier Wildbahn zu erreichen, auch heute noch bewerkstelligen konnte. Mit von der Partie waren außer mir nur der Mustang, der Boden unter unseren Füßen und der weite Himmel über uns.

Für die vor mir liegende Aufgabe wählte ich drei meiner Pferde aus: Dually, der so präzise ausgebildet ist, daß er – auf leiseste Berührungen hin – seine Bewegungen zentimetergenau abschätzen kann. Dually würde ich vor allem für das letzte Stadium, das JOIN-UP, benötigen, wenn es darauf ankam, die Haltung und die Bewegungen der Leitstute einer wilden Herde mit höchster Genauigkeit zu kopieren.

Außerdem hatte ich ein hübsches dunkles Pferd namens The Cadet dabei, ein Ranchpferd mit einem gewaltigen Trab, das gut zwanzig Kilometer pro Stunde erreicht. Ich dachte, er könnte mir von Nutzen sein, wenn ich Shy Boy aus seiner Adoptivherde ausgesondert hatte.

Drittens nahm ich noch Big Red Fox mit, einen großen, neunjährigen Braunen, ein ehemaliges Rennpferd, das ich für den Job für sehr geeignet hielt – und wie sich herausstellen sollte, war er das auch auf sonderbare Weise.

Nach meiner Planung wollte ich Shy Boy mit Hilfe von The Cadet von der Herde aussondern und verfolgen, in der Dämmerung auf Big Red Fox wechseln und in der Zeit des Mondscheins auf ihm bleiben, wenn Shy Boy sich ausruhte und fraß. Am nächsten Morgen würde ich auf Dually reiten, um für die kniffligen, höchst emotionsgeladenen Momente des JOIN-UP gewappnet zu sein.

Alle drei Pferde haben ein ausgezeichnetes Herzkreislaufsystem. Zur Vorbereitung war ich viel geritten – zwischen fünf und acht Kilometer pro Tag –, um mein altes Herz wieder in eine einigermaßen gute Form zu bringen.

Die Lassos, Sättel, Zelte sowie die übrige Ausrüstung für die Expedition waren zusammengestellt, durchgegangen und noch dutzende Male überprüft worden. Fünf Arbeiter der Ranch standen mir zur Verfügung, darunter Caleb Twisselman, ein sechzehnjähriger Junge, der mir folgen sollte. Die anderen vier, wozu auch Cathie Twisselman, Calebs Mutter, gehörte, sollten Shy Boys Adoptivherde in die entgegengesetzte Richtung treiben, sobald wir ihn ausgesondert hatten.

Wir richteten ein Basislager für die Expedition im Cuyama Valley ein, fast genau in der Mitte der Ranch und in der Nähe der Stelle, wo man in der Flußebene gutes Futter fand. Um diese Jahreszeit war es sehr wahrscheinlich, daß man die Pferde dort fand. Später, wenn es wärmer und das Futter in höheren Lagen besser wurde, zogen sie weiter und weideten dort oben.

*oben:*
*Monty und Dually beim Blick über die Sierra Nevada.*

*Seiten 138/139:*
*Shy Boy genießt einen wilden Galopp an einem Frühlingsmorgen.*

*oben:*
*Monty und Dually beim kurzen, leichten Galopp.*

*Seite 141:*
*Caleb und Shy Boy sind bereit, Kühe zu treiben.*

*Cathie Twisselman.*

*Eine natürliche Skulptur in der Landschaft.*

*oben:*
*Ein wenig kultivierter – in der Nähe von Flag Is Up Farms.*

*Seiten 146/147:*
*Caleb auf Shy Boy und Monty auf The Cadet beim Viehtrieb.*

*Seite 148:*
*Zane Davis auf Arnie – eine unschätzbare Hilfe bei der Arbeit.*

*oben:*
*Caleb und Shy Boy bringen einige Kühe ein.*

*Seite 150:*
*Monty auf The Cadet beobachtet Shy Boy bei der Arbeit.*

*Seite 151 oben:*
*Auch Cathie Twisselman (links) und Pat Roberts (rechts) beobachten Shy Boy bei der Arbeit.*

*Seite 151 unten:*
*Caleb und Shy Boy »fliegen« über den Boden.*

*oben:*
*Shy Boy lernt von Dually, Kühe von der Herde zu trennen.*

Dieses Basislager hatte sich um eine Menge Leute zu kümmern, denn das Team der BBC mußte ebenso versorgt werden wie die Cowboys und verschiedene andere Helfer.

Dann erreichte uns die Warnung, daß die Klapperschlangen früher aus dem Winterschlaf gekommen waren. Sie hatten zwei Pferde getötet, bevor unser Unternehmen begonnen hatte. Klapperschlangen reagieren auf Körperwärme. Wenn sie zum erstenmal aus ihren dunklen Winterhöhlen kommen, sind sie verrückt und unberechenbar. Uns stand eine mögliche Katastrophe bevor. Wurde ein Mustang gebissen, konnten wir mit unseren Ersatzpferden auskommen. Ein gebissenes Reitpferd war kaum zu ersetzen. Wenn ich aber gebissen würde, war alles vorbei.

Wir würden weitermachen und hoffen, das Glück auch zukünftig auf unserer Seite zu haben.

Die Dreharbeiten begannen am Samstag, dem 29. März 1997 – nicht etwa mit einem malerischen Sonnenaufgang, einem wilden Mustang, der über eine unwirkliche Landschaft flog, sondern im Maverick Saloon in Santa Ynez. Art Green's Band spielte zum Tanz auf. Das Filmteam war glücklich, daß der Veteran Dutch Wilson jedem, der es hören wollte, erzählte: »Montiiieee ist doch absolut verrückt. Er hat gute Chancen, sofort sein Leben zu verlieren ... Wer von euch will den denn noch begleiten?«

Andere stimmten ein. »Wollt ihr meine Meinung hören? Es wird nicht leicht sein. Sind schon viele getötet worden, die versucht haben, Mustangs zu brechen.«

»Ich sag euch was über Mustangs: Am gefährlichsten sind die Vorderbeine. Seine Hinterbeine sind auch gefährlich, aber die Vorderbeine bringen dich um!«

»Man sieht hier eine Menge Cowboys mit kaputten Zähnen.«

»Und den passenden Knochen dazu.«

Das entmutigte mich nicht. Ich fühlte mich so entspannt und locker wie schon lange nicht mehr. Selbst wenn ich jetzt scheiterte und mein Traum nicht in Erfüllung ging, konnte ich immerhin sagen, daß ich es wenigstens versucht hatte.

Ich verließ den Maverick Saloon gegen einundzwanzig Uhr und fuhr ungefähr anderthalb Stunden bis in die Hochwüste. Dort schlief ich ein paar

Stunden in meinem Laster. Es war bitterkalt, und ich wußte, was mich in der folgenden Nacht erwarten würde, wenn ich dort draußen war, allein, ohne Lager oder Schutz. Andererseits würde die Kälte die Klapperschlangen länger in ihren Winterquartieren halten.

Dann brach der Tag an, Ostersonntag. Es hatte beinahe eine religiöse Bedeutung. Es war meine Zeit in der Wildnis. Der Unterschied war, daß man von mir erwartete, daß ich herauskam und allen etwas Bestimmtes zeigte.

Als erstes klebte ich ein Spezialpflaster von 3M auf die Innenseiten meiner Knie sowie der Ober- und Unterschenkel. Dieses Pflaster ist wie eine zweite Haut und wird von Marathonläufern und anderen Sportlern benutzt, um die Haut zu schonen. Darüber zog ich halblange Unterhosen, Elastikstrümpfe, Hosen und Chaps, die ledernen Cowboy-Hosen. Ich bereitete mich darauf vor, den Tag, die Nacht und vermutlich auch noch den größten Teil des nächsten Tages im Sattel zu sein. Um keine Probleme mit meinem lädierten Rücken zu haben, hatte ich entzündungshemmende Tabletten eingenommen; außerdem war ich in ein ziemlich hartes Stützkorsett geschnürt. Um mich gegen die Kälte zu schützen, trug ich sieben Lagen Kleidung – meine Hände und mein Gesicht würden trotzdem eiskalt werden.

Bei Tagesanbruch waren die Farmarbeiter zusammengekommen, um das Vieh von der Ranch zu treiben; das Gelände sollte leer sein und einzig den Pferden zur Verfügung stehen. In allerletzter Minute gab es noch gewisse Änderungen, wer welches Pferd ritt, und dann ging es von unserem Basislager Richtung Westen am Fluß entlang los. Wir, das waren Pat Russell, Cathie und Caleb Twisselman, Barney Skelton, Scott Silvera und ich.

Dies ist ein großes Land, in jedem Sinn des Wortes. Hier werden die Werbespots für Marlboro-Zigaretten gedreht. Die Morgensonne erweckte den Ort zum Leben: Ich bemerkte die weißen Stöcke für Bienen, die sich von Salbei ernähren. Bergahorn säumte die trockenen Flußläufe in den Tälern. In dem staubigen Boden wuchsen Yuccas und Kakteen.

Wir trafen die wilden Pferde mehr oder weniger dort, wo wir sie erwartet hatten: ungefähr anderthalb Kilometer vom Basislager entfernt. Shy Boy war da, den Kopf hochgeworfen, einer von vielen, die unser Näherkommen beobachteten. Er war in seine neue Familie integriert. Ich behielt ihn im Auge und dachte darüber nach, daß er keine Ahnung hatte, was noch geschehen würde und welche Investitionen notwendig waren, um ihn behutsam einzureiten. Ein Hubschrauber, ein Filmregisseur und ein Kamerateam. Der Einsatz der Cowboys. Es war erstaunlich.

Die BBC hatte außerdem einen Veterinär und Tierverhaltensforscher engagiert, Dr. Bob Miller, der das, was ich tat, beobachtete und für die Kamera kommentierte. Außerdem sollte er bezeugen, daß die Mustangs wirklich wild waren und daß bei den Dreharbeiten keine Tiere gequält wurden – sei es ein Packpferd oder Shy Boy selbst.

Das Filmteam ging in Position, fertig zur Aufnahme.

Ich gab meine Anweisungen: Wir sechs würden in die Herde reiten, Caleb und ich würden Shy Boy aussondern und in östlicher Richtung auf das offene Gelände treiben. Wenn er nach seinen Vorfahren schlug und ein echter Mustang war, würde er förmlich fliegen, sobald er sich allein fühlte. Er würde sich auf der Flucht befinden, und ich würde mithalten müssen. Caleb würde mir folgen und ein Packpferd führen. In der Zwischenzeit würden die anderen den Rest der Herde zusammentreiben und in die entgegengesetzte Richtung führen, nämlich Richtung Westen. Ich wollte sie so schnell wie möglich aus dem Weg haben. Shy Boy sollte sich zu keiner Minute von ihnen angezogen fühlen und umdrehen. Seine neue Familie sollte außer Sichtweite sein.

Wie abgesprochen ritten wir in die Herde und sprengten die Pferde auseinander wie einen Haufen Billardkugeln. Cathie Twisselman rettete das gesamte Unterfangen, indem sie Shy Boy davon abhielt, direkt auf einen Zaun zuzustürzen.

Ansonsten funktionierte alles wie geplant. Die Herde stob in die eine Richtung davon, und ich trieb Shy Boy in vollem Tempo über die Hochwüste. Der aus dem Hubschrauber gedrehte Film zeigt einen geschmeidigen, schnellen Mustang, gewandt und jugendlich, dem ein gut gepolsterter alter Cowboy hinterhergaloppiert.

Im Longierring schicke ich das Pferd in dieser Situation durch den Ring, veranlasse es zur Flucht. In der Psychologie der wilden Herde war ich die Leitstute, die den Halbwüchsigen vertrieb, um ihm zu zeigen, daß ich verärgert war und um etwas mehr Respekt bat.

Ich hatte aber nicht mit der Panik gerechnet, die der Hubschrauber verursachte. In freier Wildbahn werden Mustangs regelmäßig von Hubschraubern getrieben und gefangen und haben dementsprechend Angst vor ihnen. Shy Boy bildete da keine Ausnahme, und wenn ich nichts unternahm, lief dieses Pferd direkt in sein Verderben. Per Handzeichen versuchte ich den Hubschrauber zum Abdrehen zu bewegen. Gleichzeitig brüllte ich beim vollen Galopp ins Funksprechgerät, aber das Gerät schlenkerte nur in der Gegend herum. Das weiße Hemd, das ich mir in die Jacke gesteckt hatte, um der Hubschrauberbesatzung damit Zeichen zu geben, wurde aus der Luft nicht gesehen.

Das Ergebnis war, daß wir anderthalb Stunden in diesem Tempo ritten. Einen Großteil der Zeit mußte ich mich in die Steigbügel stellen, um den Rücken von The Cadet zu schonen. Es war mörderisch. Ich kannte das Gelände nicht, und ein Sturz konnte bei dieser Geschwindigkeit tödliche Folgen haben.

Schließlich verstanden sie die Nachricht und hielten sich in größerem Abstand.

Kurz darauf sahen wir uns einer anderen Gefahr gegenüber: Wir hatten beinahe zwanzig Kilometer zurückgelegt und liefen auf den ersten Zaun zu, einen Viehzaun aus Stacheldraht. Wenn Shy Boy da hineingeriet, bestand größte Gefahr. Denn fliehende Mustangs sehen keine Zäune, da sie Stacheldraht überhaupt nicht kennen.

Glücklicherweise gelang es mir, Shy Boy so zu dirigieren, daß kein Unglück passierte.

An jenem Nachmittag führte Shy Boy mich zu jedem Wasserloch, jedem Bach und jedem Wassertrog. Mustangs finden in freier Wildbahn stets Wasser – und haben in der Hochwüste mit ihren langen Trockenperioden eine geradezu unheimliche Begabung dafür.

Er kam auch viel besser mit dem tückischen Boden zurecht. Löchern, die die im Erdreich lebenden Tiere gegraben hatten, wich Shy Boy geschickt aus und kam dabei auch nicht aus dem Tritt. Ich hingegen mußte sehr vorsichtig sein, damit The Cadet nicht in eins hineintrat und sich ein Bein brach.

Ich ließ nicht locker und trieb Shy Boy weiter. Zwischendurch ernährte ich mich von getrocknetem Rindfleisch aus meiner Satteltasche und trank Wasser aus der Feldflasche. Und ich ermunterte mich und Shy Boy weiterzumachen.

Es war ein Höllenritt.

Gegen Ende des Tages änderte sich das. Wir wurden bedeutend langsamer. Es war nicht meine Absicht, Shy Boy während der Nacht zu jagen. Ich wollte ihm nur folgen, ihn im Auge behalten. Er sollte sich ausruhen, fressen und trinken.

Auch ich brauchte eine kleine Erholungspause. Inzwischen war ich sieben oder acht Stunden ununterbrochen geritten. The Cadet mußte sich ebenfalls ausruhen, vor allen Dingen weil der Hubschrauber uns gezwungen hatte, ein höheres Tempo vorzulegen als ursprünglich geplant. Ich hoffte nur, daß seine Beine nicht verletzt waren.

Caleb Twisselman holte mich ein und übergab mir mein Pferd für die Nacht: Big Red Fox. Dann brachte er The Cadet zurück zur Ranch, wo er gepflegt, gefüttert und getränkt wurde. Seine Beine wurden mit Umschlägen bandagiert, damit sich keine Entzündung bildete.

Ich beobachtete, wie Shy Boy trank und weidete. Er behielt mich im Auge und setzte sich manchmal schnell in Bewegung. Dann verfolgte ich ihn. Er war beunruhigt, bat um eine Erklärung. Aber um ein JOIN-UP bat er noch nicht.

Es wurde dunkler.

Shy Boy verlangsamte sein Tempo, was mich freute. Ich bin nicht mehr so sportlich wie früher, und der heutige Tag war für meinen Rücken eine Höllentortur gewesen.

Der Mond schien über unserer ganz privaten Welt da draußen. Niemand sonst war zu sehen. Nur ich mit den beiden Pferden, eines gezähmt und eines wild.

Big Red Fox fand seinen Rhythmus: Er beobachtete Shy Boy genau und bewegte sich ein paar Schritte, wenn dies auch der Mustang tat. Blieb er jedoch stehen, um zu weiden oder Wasser zu trinken, rührte sich auch mein Pferd nicht vom Fleck. Big Red Fox lernte dieses Spiel sehr schnell, und bald war mir klar, daß ich ihn überhaupt nicht anleiten mußte. Er hatte in knapp fünfzig Metern Entfernung Position bezogen und behielt diese aus eigener Initiative bei.

Gegen zweiundzwanzig Uhr bat ich Caleb über Funk, mir noch weitere Kleidung zu bringen, denn es wurde extrem kalt. Ich entdeckte direkt über mir den Kometen Hale Bop, der mit seinem enormen Schweif über den Nachthimmel zog. Es war ein unglaublicher Anblick, der durch keine grellen Lichter einer Stadt getrübt wurde. Der Komet war so klar zu sehen, daß man scheinbar nur die Hand auszustrecken brauchte, um ihn vom Himmel zu pflücken. Es war ein Phänomen – und ich beobachtete, wie Hale Bop westwärts zog. Dann ließ ich meinen Blick tiefer sinken und sah den aufsteigenden Nebel.

Von der ungefähr achtzig Kilometer entfernten Pazifikküste stieg dieser Seenebel langsam, aber sicher bis zur Höhe des Cuyama Valley, das rund tausendzweihundert Meter über dem Meeresspiegel liegt. Gegen dreiundzwanzig Uhr war der Nebel überall und knipste förmlich den Mond aus. Ich konnte nichts mehr sehen.

Über diese Entwicklung war ich ziemlich unglücklich, wie Sie sich sicher vorstellen können. Ich dachte, wir würden den Mustang verlieren und am Morgen nach ihm suchen müssen. Vermutlich würde er den ganzen Weg zurück zum Hauptquartier laufen. Ich würde wie ein Idiot dastehen, der morgen früh aus dem Nebel auftauchte und dem die ganze Eskapade nichts als einen schmerzenden Rücken eingebracht hatte.

Big Red Fox blieb jedoch an Shy Boy dran. Er blieb stehen, ging weiter, nach rechts, nach links, so, als würde der Mustang eine deutliche Spur hinter sich her ziehen. Entweder konnte Big Red Fox den Mustang sehen, ihn wittern oder spüren – ich kenne die Antwort auf dieses Wunder nicht. Was immer der Mustang auch tat, er konnte mein Reitpferd nicht abschütteln. Ab und zu hörte ich das Klappern eines Hufs auf Stein oder sah Schatten oder hörte die Beine des Mustangs, wenn er sich schnell bewegte und ich nicht wußte, ob wir noch auf der richtigen Spur waren.

Mir sträubten sich die Haare in meinem Nacken bei dieser gespenstischen Jagd.

Big Red Fox hatte die Situation unter Kontrolle. Ich konnte entspannen und die Zügel fallen lassen. Er war dem Mustang die ganze Zeit auf den Fersen. Ich sah einen Schatten, starrte in den Nebel und erspähte auf einmal wieder Shy Boy.

Manchmal schien es mir, als kauere sich der Mustang zusammen. Kopf und Hals waren tief über dem Boden, er nutzte jeden Graben, jeden Spalt, jede Vertiefung, um sein Profil zu verkleinern, sich unsichtbarer zu machen. Ich wiederholte immer wieder die Worte: »Hey, Shy Boy, versuchst du mich loszuwerden?« Ich merkte, daß ich ihm mit zittriger Stimme etwas vorzusingen versuchte.

Hey, little Shy Boy, where are you going?
Stop trying to hide away from me.
I'll be here come morning,
when there's light for me to see.

Hey, little Shy Boy, don't be afraid.
I'm not going to hurt you. That's a promise made
Fifty years back to your kin.
My word was it'll be better than it's been.

I told I'd leave the world a better place.
For both you horses and the human race.
Hey, little Shy Boy, settle down.
Eat, drink, stop running around.

Look at me and Foxy, too.
Be glad we're all three alive.
I know you're skittish and worried, too
And your only goal is to survive.

You think I might hurt you, but that can't be.
Because of the promise I've made, don't you see.
No pain to horses. Now that's my goal.
It's my life's work, I'll take this role.

Shy Boy, Shy Boy, don't be so shy.
I know we'll be friends in the by and by.

Hey, kleiner Shy Boy, wohin willst denn du?
Versuch nicht länger, dich vor mir zu verstecken.
Wenn der Morgen graut, komm' ich hinzu,
wenn's für mich hell genug ist, dich zu entdecken.

Hey, kleiner Shy Boy, hab keine Angst.
Ich werd' dir nichts tun. Das Versprechen einst
deinen Verwandten ich gab vor fünfzig Jahren:
Sie sollen eine bessere Zukunft erfahren.

Die Welt wollt' ich machen zu einem besseren Ort
für Pferde und Menschen – ich gab mein Wort.
Hey, kleiner Shy Boy, also komm zur Ruh',
friß, trink und lauf nicht immerzu.

Den kleinen Fuchs schau an und auch mich.
Wir erfreuen uns an unserem Leben.
Du bist voll Unruh und ängstigst dich,
dein einziges Ziel ist's zu überleben.

Ich könnt' Schmerz dir bereiten, durch den Sinn dir geht.
Doch das wird nicht geschehn, weil mein Versprechen steht.
Mein Ziel ist: ein Pferdeleben ohne Pein.
Dies soll meine Rolle, mein Lebenswerk sein.

Shy Boy, Shy Boy, vergiß deine Scheu,
denn Freunde werden schon bald wir zwei.

Bis drei Uhr morgens hatte Shy Boy sich satt gefressen und ruhte sich aus. Ich war froh, daß ich das auch tun und Big Red Fox von meinem Gewicht befreien konnte. Wir hatten Gelegenheit, uns ungefähr fünfzehn Minuten am Stück auszuruhen.

Es war wie Zeit aus einer anderen Zeit, eine magische Erfahrung in der Hochwüste. Ganz auf mich allein gestellt verfolgte ich einen Traum, den ich all diese Jahre gehabt hatte: Ich konnte hinausgehen in die freie Wildbahn und ohne Gewaltanwendung auf einem Mustang zurückreiten.

In dieser langen, kalten Nacht kamen mir viele Erinnerungen an früher in den Sinn. So war ich als Teenager einmal nachts damit beschäftigt, auf einer

*Ein prächtiger Frühlingshimmel im Kontrast zum kahlen Wüstengebirge.*

*oben:*
*Pat ist hoch erfreut, während sie Dually und Monty bei der Arbeit im Pferch zusieht.*

*Seite 163:*
*Shy Boy und Caleb halten Ausschau nach den Kühen.*

*oben:*
*Die Herde taucht am Horizont auf – und auch Shy Boy nimmt sie wahr.*

*Seite 165:*
*Der Veterinär Dr. Robert (Bob) Miller überwacht das gesamte Projekt.*

*Seiten 166/167:*
*Shy Boy ist verschwunden.*
*Es sieht gar nicht gut aus.*

*Seiten 168/169:*
*Auch ein kleines Gebet*
*kann Shy Boy nicht*
*zurückbringen. Monty*
*weiß, daß er ihn nicht*
*hätte gehen lassen dürfen.*

*Seiten 170/171:*
*Im ersten Licht des*
*Morgens: Wen sehen wir*
*denn da?*

*oben:*
*Shy Boy kommt zurück. Zane Davis auf Arnie. Monty – nicht im Bild – steht vor Shy Boy.*

*Seite 173:*
*Pat und Monty auf dem Heimweg nach einem erfolgreich bestandenen Unternehmen.*

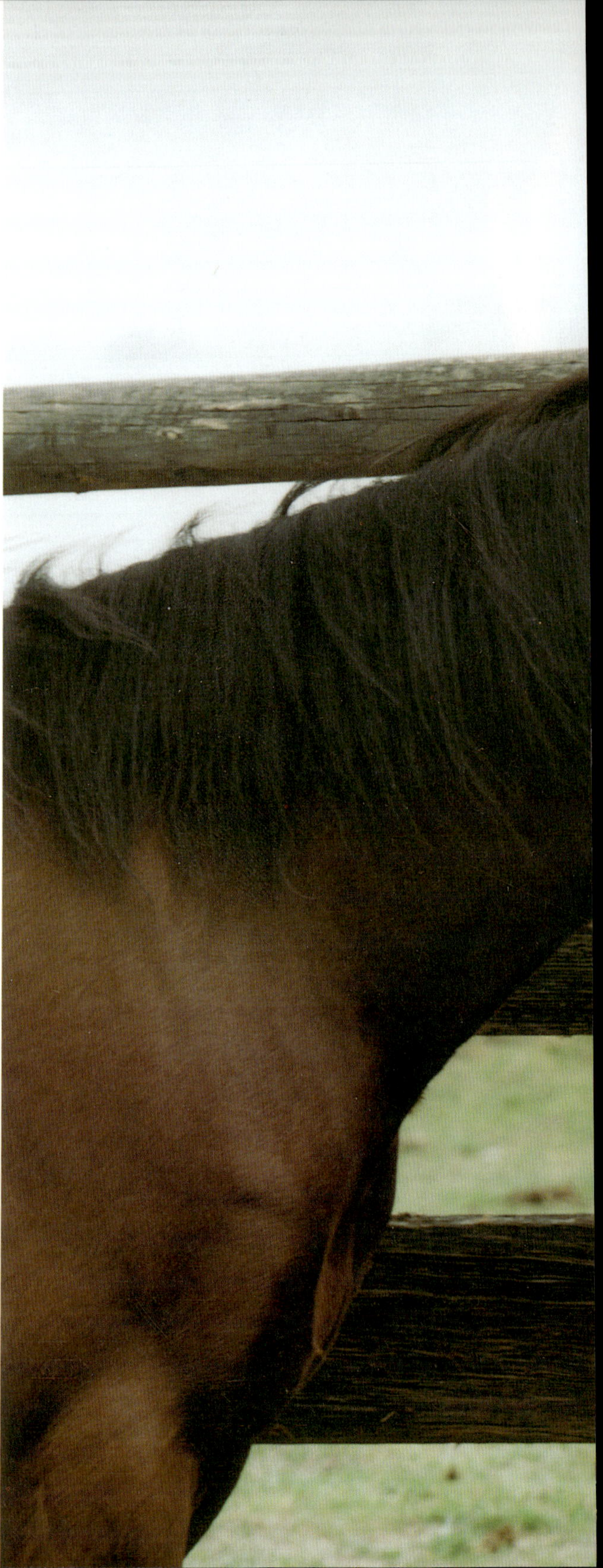

*Tara, Calebs kleine Schwester, erhält ein Küßchen von Shy Boy.*

*oben links:*
*Für ihre neueste Skulptur nimmt*
*Pat Roberts Maß an Shy Boy.*

*oben rechts:*
*... und das ist dabei herausgekommen:*
*ein Meisterwerk!*

benachbarten Ranch wilde Rinder zusammenzutreiben. Das Pferd, das ich ritt, hob förmlich ab, galoppierte über eine Art Klippe und flog durch die Dunkelheit. Glücklicherweise war der Fuß dieser Klippe sandig, so daß weder dem Pferd noch mir etwas passierte.

Eine andere Erinnerung führte mich in jene Nacht, die ich auf Einladung des Sheriffs im Gefängnis verbrachte. Dort gab es in diesem kleinen Kuhdorf das einzig verfügbare Bett – von denen im Bordell einmal abgesehen. Ich hatte das Pech gehabt, daß mein funkelnagelneuer Wagen zu brennen begann, als ich durch diese Ortschaft fuhr.

Eine ähnlich kalte und unbequeme Nacht – tatsächlich sogar zwei oder drei – verbrachte ich in den Bergen oberhalb des Santa Ynez Valley, wo ich mich versteckte. Auf meinen Kopf war ein Preis ausgesetzt, meine Familie und die Existenz meiner Farm wurden durch einen psychisch schwer gestörten Mann bedroht, der sich in den Kopf gesetzt hatte, mich zu vernichten. Diese Nächte waren kalt und ungemütlich, vor allen Dingen aber erfüllt von Zweifel, Angst und Furcht zu versagen.

Die heutige Nacht war verdammt kalt, und ich war völlig erschöpft, weil ich seit achtzehn Stunden im Sattel saß. Dennoch hatte ich das Gefühl, etwas erreicht zu haben. Ich konnte auf ein Leben zurückblicken, das genauso war, wie ich es haben wollte. Und diese unerwartete Gelegenheit, mir und der Allgemeinheit zu beweisen, daß ich dies vollbringen konnte, war wie das Sahnehäubchen obenauf.

Solange Big Red Fox – mit seiner Zauberkraft – in Dunkelheit und Nebel auf der Spur des Mustangs blieb, war ich sicher, daß wir ein Ergebnis erzielen würden.

Gegen halb fünf zeigte sich ein Lichtstrahl am östlichen Himmel. Bei diesem ersten Anzeichen des Sonnenaufgangs beschleunigte der Mustang sein Tempo wieder. Als der Strahl stärker wurde und die Dämmerung nahte, nahm die Geschwindigkeit noch zu. Der Mustang trabte. Glücklicherweise war der Nebel verschwunden, und ich konnte Shy Boy jetzt besser sehen. Big Red Fox hielt ihn im Blick. Wir ritten Richtung Westen, zurück zu der wilden Herde.

Dann fiel der Mustang in langsamen Galopp. Mein Adrenalinspiegel stieg. Wenn er jetzt zurückrannte, bestand die Gefahr, daß ich ihn verlor. Das Projekt hing davon ab. Ich hatte das Gefühl, daß der Mustang bis ans Ende der Welt laufen würde.

Bei Tagesanbruch veranstaltete der Mustang ein Höchstgeschwindigkeitsrennen über zirka zweiundzwanzig Kilometer mit mir. Es war der entsetzlichste Ritt meines Lebens. Der Boden war voller Spalten, Steine und Löcher von Dachsbauten. Shy Boy kannte das Gelände, ich nicht. Wir gingen volles Tempo. Big Red Fox war ein bißchen müde, da er die ganze Nacht mit mir gearbeitet hatte, und ich fürchtete, er könnte mit diesem entschlossenen kleinen Mustang nicht mithalten. Wir waren hart an der westlichen Grenze des Ranchgebietes, und ich mußte Big Red Fox das Letzte abverlangen, um den Mustang einzuholen und ihn Richtung Osten, Richtung Tagesanbruch, zu treiben. Nur so konnte ich ihn vor den Zäunen schützen.

Shy Boys Schweif stand aufrecht, das lange Haar flog wild, sein Kopf war hoch erhoben, die Ohren nach vorne gestellt. Er bewegte sich in vollem Galopp.

Ich hatte Angst. Wie weit würde dieser Mustang gehen? Wir ritten durch Schluchten und über die Wand des nächsten Hügels, ins Sonnenlicht, dann wieder hinaus, tauchten in die nächste Schlucht ab und durchquerten hügeliges Gelände.

Ich war seit beinahe vierundzwanzig Stunden ununterbrochen im Sattel, aber ich blieb an ihm dran.

Dann ritten wir durch das Basislager, als machte es keinen Unterschied.

Meine Tochter Laurel erzählte mir später, daß alle erstaunt waren, als sie erst einen Mustang über den Hügel kommen sahen – und dann mich. Sie und Christopher, der Fotograf, hatten sich über die Schwierigkeiten unterhalten, die mir der Nebel bereitet haben mußte. Sie vermuteten eher, daß ich gescheitert sei. Alle waren leicht deprimiert wegen der Witterungsumstände in der Nacht.

Deshalb jubelten sie, als sie sahen, daß ich immer noch an dem kleinen Mustang klebte. Laurel rief mir zu: »Du siehst furchtbar aus, Dad!«

Ich brummte: »Ich fühle mich auch furchtbar.«

Mein Gesicht war mit Schweiß und Staub überkrustet. Meine Hutkrempe wurde durch den Wind flach zurückgedrückt.

Laurel lief neben mir her, gab mir eine Cola light und ein Stück getrocknetes Rindfleisch. Ich nahm beides gern.

Ich sah meine Frau Pat, und für einige Momente trafen sich unsere Blicke. Sie war sehr bewegt, und ich empfand ebenso. Ich hatte Nacht und Nebel überstanden und war dem Mustang immer noch auf der Spur. Mein Traum war nicht geplatzt.

Als ich das Lager hinter mir ließ, konnte ich die aufgeregten Stimmen meiner Familie hören, die hinter mir verhallten. Dieser unerwartete Kontakt mit meinem Team hatte mir nach all der Ungewißheit und der nächtlichen Isolation ungemein Auftrieb gegeben. Es war gegen halb sechs Uhr morgens, und ich konnte sehen, wie die Fahrzeuge der BBC ein paar Kilometer östlich des Lagers Staub aufwirbelten. John Grooms Stimme ertönte knackend im Funksprechgerät, und ich konnte ihm berichten, daß alles nach Plan lief. Ich gab ihm meine Position durch, damit er filmen konnte, was immer er wollte.

Wir verfielen in langsamen Trab, Shy Boy führte mich nach Norden, wo es einen Wassertrog gab. Ich stand ungefähr fünfzig Meter entfernt, als Shy Boy sein Maul in den großen Behälter aus galvanisiertem Stahl senkte, der ungefähr einen Meter tief, vier Meter lang und zwei Meter breit war.

Ich wartete, während er trank.

Dann wartete ich noch etwas länger.

Wenn er nicht den gesamten Trog austrinken wollte, stimmte etwas nicht.

Ich schlich näher, und Shy Boy wandte sich ab. Es tropfte kein Wasser von seinem Maul. Als ich an den Trog herankam, wußte ich warum: Eine dicke Eisschicht bedeckte die Oberfläche. Es war sehr kalt gewesen. Offensichtlich hatte ich die Nacht hier draußen bei Temperaturen von mindestens minus acht Grad Celsius verbracht. Ich stieg ab, nahm ein Werkzeug aus meiner Satteltasche und zerbrach das Eis, damit die Pferde genügend Wasser zum Trinken hatten. Big Red Fox trank zuerst, dann war Shy Boy an der Reihe. Er kam zurück, betrachtete uns wie immer mißtrauisch und trank reichlich.

Ich überlegte, ob Shy Boy meine kooperative Handlung registriert hatte. Dieser Morgen würde unser Experiment zu einem Ergebnis bringen. Ich würde ihn bitten, daran zu denken, daß ich heute morgen für sein Wasser gesorgt hatte.

Nachdem Shy Boy dann noch ein wenig gegrast hatte, machten wir uns wieder an die Arbeit. Um acht Uhr konnte ich ihm die Stirn bieten, ihm in die Augen sehen und ihn veranlassen stehenzubleiben. Dann unterbrach ich den

Augenkontakt und wandte Big Red Fox von Shy Boy ab. Das JOIN-UP nahm seinen Anfang.

Der Mustang hatte gelernt, daß die Flucht nichts brachte, sondern daß er sich mit mir auseinandersetzen mußte. Er würde mich um Hilfe bitten und einen Dialog mit mir beginnen. Ich mußte ihm zuhören, die Zeichen richtig erkennen und durch die Geschwindigkeit und Genauigkeit meiner Reaktion zeigen, daß ich die Signale verstanden hatte.

Jetzt mußte Dually her. Ich war höchstens ein oder zwei Stunden vom JOIN-UP entfernt und brauchte dieses auf Präzision trainierte Pferd, damit ich all die Bewegungen ausführen konnte, die notwendig sind, um das JOIN-UP effektiv zum Abschluß zu bringen. Ich drückte den Knopf des Funksprechgeräts und bat Caleb, mir Dually zu bringen.

Wir tauschten die Pferde aus, und Big Red Fox wurde zurückgebracht, damit er seine wohlverdiente Ruhe, sein Fressen und Wasser erhielt. Dieses Pferd war ein Geschenk Gottes gewesen, so, wie er Shy Boy in Nebel und Dunkelheit verfolgt hatte.

Dually war natürlich frisch und zu Beginn ein bißchen verspielt. Er wollte bocken und herumalbern. Shy Boy, das konnte ich sehen, war durch die Überschwenglichkeit des neuen Pferdes verärgert, und es dauerte gut fünfzehn bis zwanzig Minuten, bevor sich die Lage wieder beruhigte.

Jetzt konnte ich die Sprache »Equus« anwenden.

Der Mustang konnte ein Ohr auf mich richten, seine Nüstern senken, und in demselben Augenblick brach Dually den Augenkontakt ab, löste den Druck, ließ ihn los. Sobald der Mustang sein Vorhaben änderte und weggehen wollte, waren wir sofort hinter ihm her und trieben ihn weiter fort. Dadurch teilten wir ihm mit, daß wir die Ersatzleitstute waren und ihn um Respekt und Kooperation baten.

Die BBC filmte alles, und ich wußte, daß wir auf dem Weg zum Erfolg waren, wenn sich kein Unfall ereignete oder eine Klapperschlange zubiß. Diese beinahe fünfzig Jahre zurückliegende Episode in meinem Leben wurde endlich über die Bühne gebracht, und ich empfand ein so starkes Engagement für diese Sache wie selten in meinem Leben.

Innerhalb von fünfundvierzig Minuten konnte ich im Kreis um Shy Boy herumgehen, und er folgte mir. Anstatt ihn über zweiundvierzigtausend

Morgen zu jagen, lief er hinter mir her, um mir zu signalisieren, daß er mir vertraute.

Wie im Longierring kommunizierten Dually und ich mit diesem Pferd in der Sprache, die es verstand: in seiner Muttersprache »Equus«.

Auf einem so gut ausgebildeten Pferd wie Dually konnte ich diese heiklen, schwer zu interpretierenden Bewegungen ausführen – und es gelang mir, Zugang zu diesem Mustang zu finden. Ich ließ ihn wissen, daß er uns vertrauen konnte. Dually war Teil meines Körpers. Seine Schnelligkeit und die Feinfühligkeit seiner Reaktionen ermöglichten das.

Endlich hatten wir das JOIN-UP erreicht.

Um zehn Uhr bat ich Caleb über Funk, zu uns zu kommen und sich Shy Boy von der anderen Seite zu nähern. Das tat er auch ganz behutsam und ruhig. So konnte er Shy Boy stabilisieren, während ich ihn berührte. Ich beugte mich im Sattel vor und rieb seinen Hals – es war ein mitreißender Augenblick. Da schien die Morgensonne auf uns hernieder, und ich hatte diesen Mustang gestreichelt. Ich sagte ihm, wie sehr ich mich darüber freue, daß er beschlossen habe, bei mir zu bleiben. Keine Lassos, keine Strafen, keine Angst. Er war nervös, aber er vertraute uns. Es war bemerkenswert.

Dr. Bob Miller stimmte dem zu und sagte: »Dies war ein Tier, das eine Fliege aus fünf Metern Entfernung von der Wand treten konnte.« Aus freien Stücken akzeptierte er nun die Berührung durch einen Menschen.

Es war ein Privileg.

Gleichzeitig spürte ich eine tiefe Erschöpfung in mir und ein Gefühl des Triumphs. Diese beiden Begriffe erklangen laut und deutlich in meinem Kopf, als würde ein Bote sie verkünden. Ich hörte so etwas wie eine Trompeten- oder Waldhornfanfare. Es klang anerkennend: »Ich lebe, ich bin relativ okay, ich reite Dually, ich habe sechsundzwanzig Stunden im Sattel überstanden, ich habe einen Mustang in zwanzig Metern Entfernung stehen, mir ist das JOIN-UP gelungen, ich habe bewiesen, daß mir dies vor etlichen Jahren schon einmal gelungen ist...«

Ich spürte Momente des Glücks und der Befriedigung in einem Ausmaß, das ich nur schwer beschreiben kann. Diese Leistung stand in einer direkten Linie mit anderen bemerkenswerten Ereignissen meines Lebens, die mir sehr viel bedeuten, so meine Hochzeit mit Pat, die Geburt meiner beiden Töchter und meines Sohnes, die Zeit, als ich mich von der Grausamkeit meines Vaters abwandte, nachdem er den Schwarzen zu Tode geprügelt hatte, oder als ich mein Weltmeisterpferd Johnny Tivio zum erstenmal sah.

Ich sagte mir, daß dies ebenfalls ein zentraler Moment sein würde – sofern es mir gelang, aufzusteigen und ihn zu reiten.

Ich spürte eine neue Energiewelle.

Die nächste Stufe war, Shy Boy ein lockeres Seil um den Hals zu legen, um ihm beizubringen, neben Dually zu laufen.

Dieser neue Gedanke gefiel ihm gar nicht, denn er war nicht nach seinem Geschmack. Als er aber zu fliehen versuchte, hielt ich ihn nicht auf – im Gegenteil, ich stimmte ihm zu. Lauf weiter, lauf weg, aber nicht nur ein Stückchen, sondern richtig weit weg. Ich trieb ihn fort, bis er mich bat, zurückkommen zu dürfen. Ich verlangte, daß er mir vertraute.

Und das tat er.

Den größten Teil des Morgens verbrachten wir mit dem JOIN-UP und damit, ihm das Seil umzulegen und ihn von Dually aus zu führen.

Dann machten wir eine Pause, und es gab etwas zu essen. Die Tiere durften grasen. Cathie Twisselman hatte die Aufgabe, Shy Boy zu beobachten, und sie berichtete, daß er keine Anstalten mache zu fliehen. Er war zufrieden damit, bei den zahmen Pferden zu bleiben.

Am Nachmittag tauschte ich Dually gegen George, ein großes, zuverlässiges Pferd von der Ranch, und wir verbrachten die Zeit damit, Shy Boy in Kreisen von ungefähr achthundert Metern herumzuführen, zunächst in die eine Richtung, dann in die andere. Ich führte ihn von George aus. Ab und zu regte sich sein Temperament, und er lief gegen die Longe, lernte dann aber schnell, daß es angenehmer war, mit mir zu sein als gegen mich.

Ich bemerkte auch, daß Shy Boy zu Dually eine andere Beziehung hatte als zu George. Er vertraute George mehr, und ich glaube, das lag daran, daß er sich stärker mit ihm identifizieren konnte. George kam aus dieser Gegend, und Shy Boy wußte das offenbar, obwohl sich die beiden Tiere noch nie begegnet waren. Aus dem, was George gefressen und getrunken hatte, aus seinem Geruch und seiner Ausstrahlung konnte Shy Boy entnehmen, daß er ihm näherstand. George führte dasselbe Leben wie er. Dr. Miller bestätigte unabhängig von mir diese Beobachtung.

Gegen sechzehn Uhr hielt ich den Prozeß für weit genug fortgeschritten, um Shy Boy einen Vordergurt aufzulegen. Ich blieb auf meinem Reitpferd, legte den Vordergurt auf Shy Boys von mir abgewandte Seite und benutzte dann einen Drahthaken, um nach dem Sattelgurt zu angeln und ihn auf meiner Seite hochzuziehen.

Shy Boy nahm das ohne Murren hin. Er bockte nicht und zuckte auch nicht zurück. Auch trat er nie nach mir, obwohl er ein- oder zweimal mit seinen Vorderbeinen ausschlug, wenn ich mich zu schnell bewegte.

Danach beschloß ich, daß diese Übung für heute reichte, und nachdem wir diesen kritischen Punkt überwunden hatten, fand ich, konnten wir in Ruhe eine Pause einlegen. Wir hatten das JOIN-UP erreicht, und ich war auf dem besten Weg, ihm Sattel und Zaumzeug anzulegen.

Junge, ich hatte Schlaf jetzt wirklich nötig, denn sechsunddreißig Stunden unter den härtesten Reitbedingungen lagen hinter mir. Ich war total erschöpft. Seltsamerweise hatte ich eine sehr starke innere Motivation, das alles durchzustehen. Mein Leben lang hatte ich in der einen oder anderen Weise Sport getrieben, aber ich hatte noch niemals eine solche »zweite Luft« erlebt wie an jenem Tag. Diese Power hatte mir der Augenblick des JOIN-UP gegeben. Davor hatte ich mich so müde gefühlt, daß ich fürchtete umzukippen. Dann jedoch kamen dieser Energieschub und diese Aufregung, die mir genug Antrieb für den ganzen Tag gaben.

Auch mein Rücken hatte mitgespielt und sich nicht gemeldet! Die versteiften Wirbel hatten die Strapazen ohne einen Muckser durchgehalten. Das war eine Extraprämie.

Pat half mir, das 3M-Pflaster von den Beinen abzuziehen, und danach gab es eine weitere gute Neuigkeit: Die Haut war in erstaunlich gutem Zustand.

Wir fütterten die Pferde in einem abgetrennten Gebiet nahe des Hauptquartiers, wo es einen Wassertrog gab und sie mit einer Wache der Nachtruhe überlassen wurden.

Ich war von allen nächtlichen Pflichten entbunden, legte mich hin, um zu schlafen. Das brauchte ich dringend. Es war eine Fülle von Erfahrungen gewesen, und in meinem Kopf drehte sich alles. Dann schlief ich wie ein Stein. Aber kurz bevor ich einnickte, schickte ich Shy Boy noch einen letzten Gruß: Schlaf gut.

Am Dienstag, dem dritten Tag unserer Expedition, hatte ich einen freien Tag eingeplant, um meine Beziehung zu Shy Boy zu vertiefen – und zwar auf dem Boden. Das war ein entscheidender Moment, denn auf dem Boden war ich für Shy Boy ein anderer als die Mann-und-Pferd-Einheit, der er bisher vertraut hatte.

Shy Boy ließ sich von mir reiben und streicheln. Ich strich mit den Händen über seinen Körper und die Beine hinunter. Er folgte mir. Wir versuchten noch einmal den Vordergurt. Trotz des Ruhetags machten wir gute Fortschritte. Wir standen beieinander oder gingen zusammen umher. Shy Boy ließ mich in sein Leben, und es war kein Druck dabei. Das war eine ganz neue Welt für ihn. Wir nutzten den Dienstag, unsere Beziehung so zu vertiefen, daß er am Mittwoch Sattel, Zaumzeug und Reiter akzeptierte.

Als der Mittwoch anbrach, ritten wir ungefähr zweieinhalb Kilometer in Richtung Westen einen Canyon hinunter, den wir entdeckt hatten. Der Boden war sandig und ohne Steine, ein riesiges Gebiet, mit großen Bergahornbäumen an einer Seite und einem Bach, der hindurchlief. Wichtig für unsere Zwecke – und deshalb waren wir da – war die Tatsache, daß das Gebiet frei war von Hindernissen oder Steinen. Scott Silvera, der Shy Boys erster Reiter sein würde, sollte so sanft wie möglich landen, falls er abgeworfen wurde.

Gerade als wir in diesen Canyon hinabritten, sahen wir, daß zirka hundert Rinder ihn bereits vor uns mit Beschlag belegt hatten. Die uns vorausreitenden Rancharbeiter baten sie nachdrücklich darum, den Canyon freizugeben. Schließlich wollten wir dort einen Film drehen.

Nun befanden wir uns also auf dem Grund dieses kleinen, malerischen Canyons. Der sandige Boden war zu dieser Jahreszeit mit üppigem grünem Gras bedeckt. Es war wirklich eine schöne Umgebung.

Ich hatte die notwendige Ausrüstung dabei: Zaumzeug, einen Vordergurt, einen kleinen Trainingssattel und einen schweren Cowboy-Sattel.

Shy Boy war bereit und ich ebenfalls. Der Vordergurt bereitete keine Probleme; das Thema hatten wir bereits hinter uns gebracht.

Als nächstes bat ich ihn, den kleinen Trainingssattel zu akzeptieren, und er sagte: »Auf gar keinen Fall.« Es war ihm zuviel Leder. Er sagte einfach nein. Mit ein bißchen gutem Zureden erlaubte er mir aber schließlich, ihn ohne Probleme aufzulegen.

*oben:*
*Wilde Blumen in der Kalifornischen Wüste.*

*Seiten 186/187:*
*Sapphire Lake in der Sierra Nevada, Kalifornien.*

*Seiten 188/189:*
*Blick von Pats und Montys Wohnhaus auf das Gelände von Flag Is Up Farms in Solvang, Kalifornien.*

*Seiten 190/191:*
*Auch Rehe tummeln sich vor Pats und Montys Haus.*

*Seiten 192/193:*
*Monty und Dually.*

*Seiten 194/195:*
*Blushing ET und Monty lassen sich Zeit füreinander.*

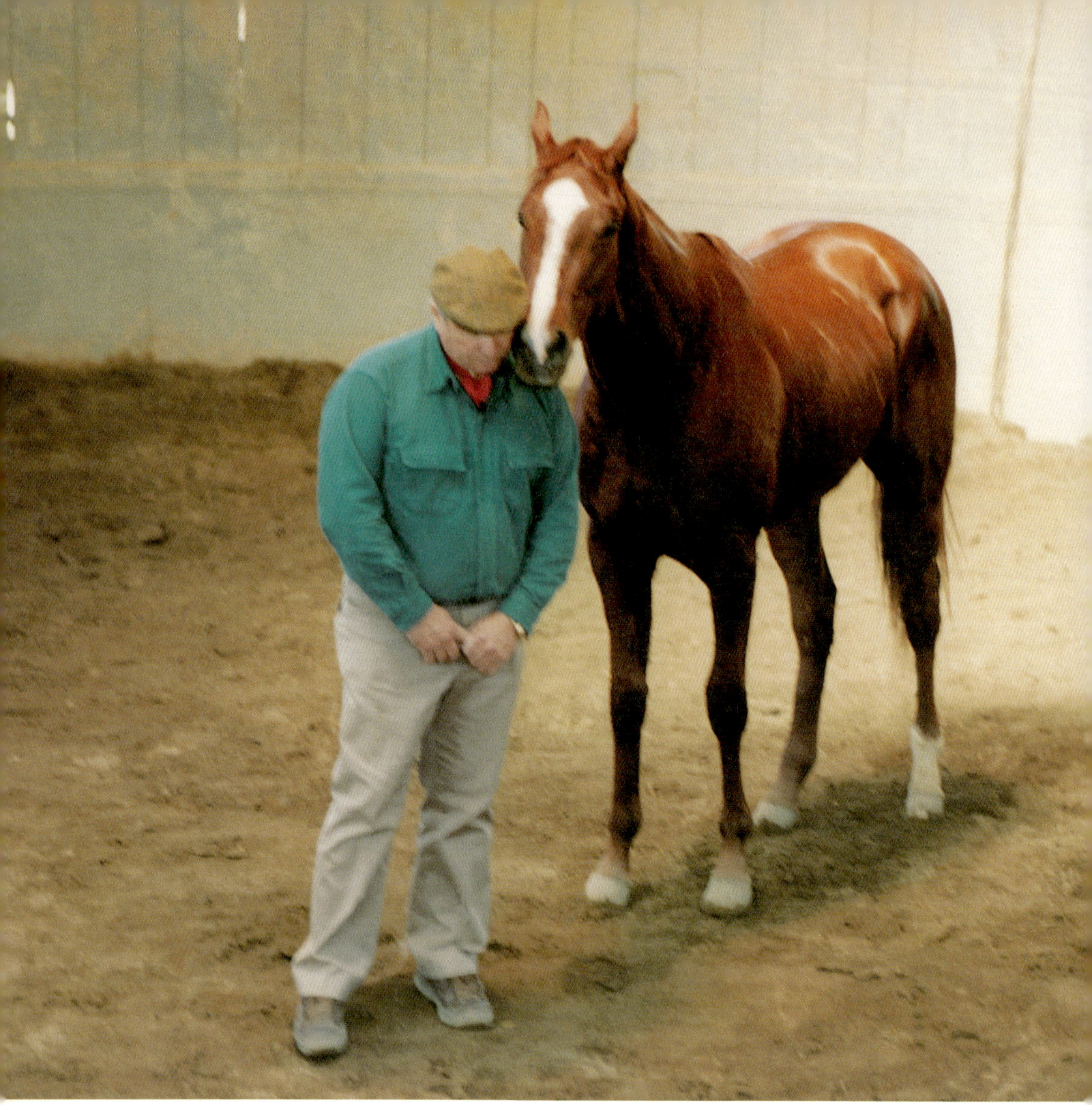

 JOIN-UP mit Blushing ET.

*oben:*
*Blushing ET macht unmißverständlich klar: »Alles was meine Sprunggelenke berührt, wird weggekickt.«*

*Seiten 198/199:*
*Monty bei einer Demo-Veranstaltung vor Führungskräften auf Flag Is Up Farms.*

*Montys Sohn Marty freut sich über Standing ovations am Schluß einer Veranstaltung, bei der das neue Buch* Der mit den Pferden spricht *dem Publikum vorgestellt wurde.*

Danach betrachtete Shy Boy den Cowboy-Sattel als ein unüberwindliches Hindernis in unserer fortschreitenden Beziehung. Dieser Sattel war ein äußerst unheimliches Ding. Es kam überhaupt nicht in Frage, daß ein solches Monster auf seinen Rücken gelegt wurde. Ich brauchte eine halbe Stunde, ihn davon zu überzeugen, daß er uns trauen konnte – und auch das ist ein Vorteil des JOIN-UP: Wenn das erste Glied in der Kette geschmiedet ist, ist der Rest verhältnismäßig einfach.

Nach einer halben Stunde legte ich ihm den schweren Cowboy-Sattel auf und nahm ihn wieder ab. Ich arbeitete von beiden Seiten.

Es folgte der größte von allen Schritten: Ich machte ihn mit Scott Silvera bekannt, der ihn als erster reiten sollte. Shy Boy war mißtrauisch und bäumte sich auf. Ich gab ihm Zeit, sich mit Scott vertraut zu machen: Er schnupperte an dessen Kleidung und spürte das sanfte Reiben auf seinem Hals und den knochigen Teilen der Stirn.

Ich wünschte, ihn als erster reiten zu dürfen, doch das ging jetzt nicht. Abgesehen davon, daß ich mehr wog als ein durchschnittlich großer junger Mann, war da noch mein Alter – und die daraus resultierende Gefahr sowohl für mich als auch für das Pferd.

Scott Silvera kam näher und machte dann – langsam und vorsichtig – Anstalten, einen Fuß in den Steigbügel zu setzen.

Shy Boy sprang zurück und schlug mit dem Vorderbein aus. Wir mußten jetzt alle ganz ruhig bleiben. In einer Situation wie dieser sollte auf keinen Fall gedrängt werden. Pferde brauchen Zeit und Geduld. Wenn man sich benimmt, als habe man nur fünfzehn Minuten Zeit, wird es den ganzen Tag dauern. Tut man aber so, als hätte man den ganzen Tag zur Verfügung, wird in fünfzehn Minuten alles durchgestanden sein.

Nachdem Shy Boy genügend Zeit gehabt hatte, sich an Scott zu gewöhnen, stellte Scott noch einmal seinen Fuß in den Steigbügel. Shy Boy akzeptierte ihn, zumindest so weit...

Scott zog sich vorsichtig hoch und schwang sein Bein über den Pferderücken auf die andere Seite. Sein Po berührte den Sattel nur federleicht.

Dies war ein sehr bewegender Augenblick für mich. Der Wunsch, dies mit eigenen Augen zu sehen – und dafür Anerkennung zu erhalten –, war tief in mir verankert. Und es war wie eine Explosion. Die Wirklichkeit war wie ein

Geschenk: ein großes Glücksgefühl, ein Gefühl des Abschlusses. Wir hatten erreicht, was wir erreichen wollten.

Ich war überwältigt von meinen Emotionen und schrie triumphierend auf, als Scott mit Shy Boy fortritt. Innerhalb von fünf Minuten war dieser ehemals wilde Mustang ein entspanntes, zahmes Pferd. Er benahm sich wie ein Champion und ging gut.

Wir ritten eine halbe Stunde durch den Canyon, um Shy Boy auf dem weichen Boden zu trainieren und ihn an den Gedanken zu gewöhnen, geritten zu werden. Er machte nicht einen falschen Schritt.

Als nächstes wollten wir zur Chimeneas Ranch zurückreiten. Ich saß auf George, Caleb auf seinem eigenen Pferd und Scott auf Shy Boy.

Seite an Seite ritten wir aus diesem Canyon, und der kleine Shy Boy benahm sich, als hätte er das schon immer getan. Völlig sorgenfrei galoppierten wir zum Farmhaus – wir hatten es geschafft. Vor Aufregung war ich sprachlos.

Als ich das erstemal einen Mustang aus der Wildnis heimritt, war ich noch ein Teenager. Die Farmarbeiter, die sich um die Kälber kümmerten und am Generator arbeiteten, hatten meine Leistung nicht für möglich gehalten. Sie dachten, ich hätte das alles nur erfunden, und empfingen mich voller Ungläubigkeit.

Und hier war ich nun wieder, fast fünfzig Jahre später. Alle warteten auf mich: ein Tierarzt, die Schiedsrichterin von Wildwatch, der Verhaltensforscher Dr. Miller, ganz zu schweigen von der gesamten BBC-Filmcrew – und sie alle hatten die Ereignisse von Anfang an beobachtet. Wir wurden von einer ansehnlichen Gruppe begrüßt, die unseren Erfolg beklatschte und bejubelte. Es war eine unglaubliche Wendung der Dinge.

Ich brauche wohl nicht zu sagen, daß ich mich rehabilitiert fühlte. Es war der vielleicht bedeutendste Sieg, den ich seit vielen Jahren errungen hatte. Wir kümmerten uns um unsere Pferde, und als die Sonne über dem Pazifik unterging, weit unterhalb und westlich von uns, feierten wir den Erfolg bei Barbecue, Musik und vielen Geschichten.

Dem Team der BBC gelang es sogar, die beiden alten Zyniker aus dem Maverick Saloon in Santa Ynez zu filmen, als sie die erfolgreiche Truppe zurückkehren sahen: »Na ja, wenn man einen Mann auf den Mond schicken kann, kann er ja wohl auch einen Mustang heimbringen.«

Zurück auf Flag Is Up wurde Shy Boy zu Ron Rolls in Buellton gebracht. Ron, ein ehemaliger Student von mir, betreibt nicht weit entfernt von meiner Farm ein eigenes Trainingszentrum. Seit der Fertigstellung des Films lebt Shy Boy dort. Er wird jeden Tag geritten, und es geht ihm gut. Es ist eine Freude, mit ihm zusammenzusein und ihn zu reiten. Er tut alles, was ein kleiner Mustang wie er tun sollte.

Shy Boy wird immer einen besonderen Platz in meinem Herzen einnehmen. Das Schicksal hat uns zusammengebracht – er war zufällig derjenige, der mir bei der Adoptionsauslosung in Paso Robles zugeteilt wurde –, und jetzt sind wir fest verbunden. Gemeinsam haben wir ein kleines Stück Pferdegeschichte erlebt: Der Mustang, der aus der freien Wildbahn nach Hause kam.

Es bedeutete mir alles, und zwar nicht nur, dieses Ziel zu erreichen, sondern auch, daß andere Menschen es sahen. Und glauben Sie mir, wenn ich sage, daß alles der Wahrheit entspricht. Dies ist ein neuer Ansatz, Pferde zu verstehen und ihre Kooperationsbereitschaft zu genießen.

### Shy Boy geht an die Öffentlichkeit

Ich stand vor einer Fernsehkamera, hinter mir ein Tisch mit ungefähr vierzig Telefonen. PBS (Public Broadcasting Service) hatte den Film über Shy Boy ausgestrahlt, und ich hatte meinen Kommentar dazu abgegeben. Plötzlich klingelten die Telefone ohne Unterlaß. Es war phänomenal, denn jeder Anruf bedeutete die Geldspende eines Zuschauers. Jeder, der der Ansicht war, daß dieser Film, der gerade im Fernsehen zu sehen gewesen war, der Menschheit nützte, sollte dem PBS-Sender Geld stiften, weil er auf solche Spenden angewiesen war.

Mit Hilfe eines Computers ließ sich das Spendenaufkommen feststellen – und das Geld tröpfelte nicht, sondern es strömte. Das Publikum war von dem Film begeistert. Das war sehr befriedigend. Je mehr Menschen die Botschaft vernahmen, die dieser Film meiner Meinung nach rüberbrachte, desto eher konnte ich davon ausgehen, meine Arbeit gut erledigt und die Welt zu einem besseren Ort für Pferde gemacht zu haben. Jeder, der genauso empfand wie ich und deshalb den Sender anrief und Geld spendete, war ein Verbündeter von mir. Wir hatten alle nur ein Ziel: unser Verständnis für und unsere Behandlung von Pferden zu verbessern.

Es war überall das gleiche, von Washington D.C. über Little Rock, Arkansas, bis Dallas, Texas: Die dortigen PBS-Sender brachen sämtliche Rekorde beim Auftreiben von Geldern durch Ausstrahlung dieses Films. In Dallas kamen in einer Nacht neunundfünfzigtausend Dollar zusammen. Der Sender in Denver bat mich, den Film telefonisch zu kommentieren, und die Spenden beliefen sich statt auf die erwarteten etwa eintausendachthundert Dollar auf beinahe das Vierfache.

Das zeigt, wie sehr der Mustang in den USA geschätzt wird. Er ist eine Ikone der amerikanischen Geschichte, und in gewissem Maß sprechen wir ihm die gleichen Eigenschaften zu wie uns als Nation: stark, im Grunde wild, in einem großen weiten Land lebend, vor allen Dingen aber frei. Shy Boys Abenteuer berührte einen zentralen Punkt unserer Seele, und ich war sehr dankbar, in meiner Heimat eine so positive Resonanz hervorzurufen.

## Auf Tour in Amerika

Das Erscheinen der amerikanischen Buchausgabe folgte im großen und ganzen dem englischen Beispiel, abgesehen davon, daß wir Dually nicht mitnahmen. Wir konzentrierten uns bei der Öffentlichkeitsarbeit auf die Hauptaussage des Buches: das JOIN-UP. Das amerikanische Publikum war damit nicht so vertraut wie das englische, denn daß meine Arbeit in England bekannt wurde, ist dem Einfluß Ihrer Majestät der Königin zu verdanken.

In gewisser Hinsicht mußte ich wieder von vorne anfangen.

Ich sprach mit meinem Sohn Marty und bat ihn, seine Rechtsanwaltskanzlei in Solvang aufzugeben und die Farm sowie die unzähligen Vorführungen für mich zu managen. Ich hatte Glück, daß er zustimmte, denn es ist eine riesige Aufgabe, und er hat unsere Erfolge noch vergrößert.

Unsere erste Vorführung fand im Riverside Equestrian Centre in Brooklyn, New York, statt. Von da ging es weiter nach Toronto in Kanada und von dort nach Houston, Texas.

Dieser kleine Ausschnitt zeigt schon, daß wir in jenem Herbst immer wieder von Norden nach Süden und zurück über den nordamerikanischen Kontinent hüpften, um alle Termine unter einen Hut zu bringen, für die uns an verschiedenen Vorstellungsorten Anfragen vorlagen. Es war ziemlich viel Reiserei.

Hinzu kam, daß jedes Team, das wir anheuerten, keine Ahnung davon hatte, was diese Vorführungen mit sich brachten. Sie alle machten es zum erstenmal. Glücklicherweise waren Jonathan Reister als Roadmanager, Matt Mory als Reiter und T. J. als Ersatzreiter dabei, die uns bei der Organisation der einzelnen Veranstaltungen zur Hand gingen. Außerdem hatten wir das Glück, daß die Familie Jacobs in Deutschland uns einen jungen Cousin namens Christian Bunnemann empfohlen hatte, der zu uns stieß. Es war eine völlig neue Erfahrung für ihn, und mit seiner Einstellung und seinen Fähigkeiten paßte er hervorragend in unser Team.

Die Vorführung im New York City Riverside Equestrian Centre war unsere erste derartige Veranstaltung in Amerika vor zahlendem Publikum, wir betraten damit Neuland. Aus England weiß ich, wie die Demos laufen und welche Begeisterung und welches Interesse sie hervorrufen. Hier konnte es anders sein. Ich bewegte mich auf ganz anderem Gebiet mit einem Publikum, das noch in den Wertvorstellungen verwurzelt war, von denen ich mich in der Zwischenzeit entfernt hatte. Ich hatte keine Ahnung, wie es laufen würde.

Wir zeigten das JOIN-UP mit zwei Jährlingen – und es funktionierte perfekt. Man konnte sehen, wie die Sprache »Equus« funktioniert. Es war vorhersehbar, überprüfbar, und die Vorführung verlief ohne Zwischenfälle. Das Umhängemikrophon funktionierte, und meine Stimme versagte auch nicht.

Die Reaktion des amerikanischen Publikums war ebenfalls höchst erfreulich. Es war eine wunderbare Erfahrung. Marty und ich sahen uns an und sagten uns, daß diese Vorführung neuer Techniken im Umgang mit Pferden den Menschen in den USA offensichtlich viel bedeutete, mindestens soviel wie den Europäern, wenn nicht gar mehr.

Wir waren erleichtert, um es bescheiden zu sagen.

Wir konnten damals, als wir noch nicht an den Erfolg glaubten, nicht wissen, daß diese erste Vorführung im Riverside Equestrian Centre den Tiefpunkt unserer Tour bedeutete, daß die Zustimmung des Publikums von da an ständig stieg, je mehr die Menschen erkannten, was wir ihnen zu sagen hatten. Es war ein unvergleichlicher Erfolg.

In Toronto, unserem nächsten Stopp, war das Programm bereits doppelt so umfangreich wie in New York. Wir brauchten etwas Ermutigung, da wir mit dem Zoll erhebliche Probleme hatten, als wir unsere Ausrüstung von den USA über die Grenze nach Kanada bringen wollten. Die Beamten veranstalteten einen echten Zirkus, weil man bestimmte Güter zwar nach Kanada ein-, aber nicht ausführen darf. Andere Güter kann man aus-, aber nicht einführen. Die Zollbeamten erheben willkürlich Gebühren, um diese Schwierigkeiten zu decken. Die Wahrheit ist, daß dieses Problem kein politisches, sondern ein wirtschaftliches ist.

An der amerikanisch-kanadischen Grenze hat es immer Betrügereien gegeben, und die Regeln, die erlassen wurden, um diese Betrügereien zu unterbinden, dienen nur dazu, alles komplizierter zu machen. Und so wird selbst ganz legale Ein- und Ausfuhr zu Schwindelei, überwacht von diesen Beamten, die einen an der Nase rumführen. Man kann nur hoffen, möglichst unbehelligt durchzukommen, ohne zuviel Geld hinblättern zu müssen. Eine derart komplizierte Abfertigung hatte ich noch nie erlebt.

Alle Aufregungen waren jedoch vergessen, als wir endlich in Toronto eingetroffen waren. Bei den Pferden, die für uns ausgesucht worden waren, handelte es sich um Warmblüter, die für eine temperamentvolle Vorführung mit ausgezeichneten Ergebnissen sorgten.

Dann ging es nach Houston, und das bedeutete eine dramatische Veränderung in Klima und Kultur. Dies war Texas, tiefer Süden, und im August ist es dort selbst während der Nacht extrem heiß. Wir waren für ein Gebäude mit offenen Seiten gebucht. Die Moskitos wurden von den strahlenden Lichtern magisch angezogen und fühlten sich von den Tausenden von warmblütigen Menschen eingeladen. Es war ein wahrer Festschmaus für sie! Ich muß wohl nicht extra erwähnen, daß das Publikum sich nicht sonderlich wohl fühlte.

So ging es weiter: New York, Toronto, Houston, Spokane, Lexington, Eugene, Los Angeles, und manchmal las sich unser Terminkalender wie der Flugplan einer Luftfahrtgesellschaft. Wo immer ich war, ergaben sich nach den Veranstaltungen verschiedene Möglichkeiten, im Fernsehen oder Radio über mein Buch und meine Arbeit zu sprechen.

Während der Amerika-Tour signierte ich so viele Bücher, daß mir die Finger weh taten. Es war ein völlig neues Gefühl für mich, der ich so sehr an Ablehnung und Ungläubigkeit gewöhnt war, daß sich so viele Menschen für meine Arbeit interessierten und sie in positivem Licht sahen. Es war bewegend, endlich auch das eigene Land für meine Ideen gewonnen zu haben und als jemand akzeptiert zu werden, der etwas Wertvolles und Neues zu geben hat, etwas, das von den Jungen, die ihr Leben noch vor sich haben, weitergeführt wird.

Ab und zu ereigneten sich aber auch Dinge, die die häßliche Seite unserer menschlichen Natur offenbarten und die Grausamkeit, die – wenn man es zuläßt – schnell unser tägliches Leben verseucht.

Einmal signierte ich Bücher auf dem Podium, das man zu diesem Zweck errichtet hatte, als ein kleines Mädchen auf Zehenspitzen vor mir stand, mir ein Buch hinschob und mir zuflüsterte, daß sie sich für meine Arbeit interessiere. Sie wirkte überaus zerbrechlich und war offensichtlich sehr introvertiert.

Ich fragte sie, ob sie ein Pferd hätte – und sie lächelte.

Ich fragte: »Wie alt bist du?«

»Zwölf«, antwortete sie so leise, daß ich sie kaum verstand.

»Hat dir die Vorführung gefallen?« fragte ich.

Darauf sie: »Sehr gut.«

»Was hat dir denn am besten gefallen?«

»Mir hat gefallen, daß Sie den Pferden nicht weh tun.«

An diesem Punkt wurden ihre Augen feucht, und ich wußte, daß ein kleines Mädchen vor mir stand, daß irgendeine Form von Grausamkeit erlitten hatte. Ihr Mitgefühl mit »dem Pferd, dem nicht weh getan wurde« sprach Bände.

Ich fragte: »Bist du okay?«

Tränen stiegen ihr in die Augen.

Ich fragte, ob sie mit jemandem zusammen gekommen sei, und sie bejahte. Darauf schlug ich ihr vor, den Rest der Vorführung bei meinem Assistenten zu sitzen, damit wir uns danach noch etwas unterhalten konnten. Sie kämpfte gegen ihre Tränen und sagte, das würde ihr gefallen.

Später fragte ich sie, wer sie zu der Show begleitet habe.

»Mein Vater.«

»Ist er noch hier?«

»Ja, er steht da bei dem Erfrischungsstand.«

»Ist er das Problem? Dein Vater?«

Wieder brach sie in Tränen aus. Daraufhin legte ich einen Arm um sie, und mein Assistent tröstete sie ebenfalls. Ich ging mit ihr zu ihrem Vater, um mich ein wenig mit ihm zu unterhalten. Ich lud ihn ein, sich hinzusetzen und mir etwas über seine Pferde und das Leben im allgemeinen zu erzählen. Die Tochter erwähnte ich in diesem Stadium noch nicht.

Dann bat ich ihn, mit mir in einen abgelegeneren Teil des Gebäudes zu gehen, weg von den Leuten.

Wir begannen über seine Tochter zu sprechen.

Er sagte mir, er sei ein strenger Lehrmeister. Er habe drei ältere Kinder, die er ebenso streng behandelt habe. Diese älteren Kinder seien inzwischen erwachsen und hätten das Haus verlassen.

Ich fragte: »Kamen Sie gut mit ihnen zurecht?«

»Nein.«

Ferner erzählte er, seine jüngere Tochter vergäße des öfteren, ihr Zimmer aufzuräumen und ihren Pflichten in dem Rahmen und zu dem Zeitpunkt nachzukommen, die er festgelegt habe. Er hielt es für angebracht, sie zu schlagen, wenn sie versagte. Gleichwohl gab er zu, sie gelegentlich zu hart zu behandeln.

Nach einstündiger intensiver Diskussion räumte er ein, daß seine Züchtigungsmaßnahmen völlig übertrieben seien. Er schien sich nicht beherrschen zu können und hielt sich selbst für einen Versager in bezug auf seine älteren Kinder. Daraus hatte er aber geschlossen, mit seiner jüngsten Tochter noch strenger sein zu müssen, um ein ähnliches Scheitern zu verhindern. Er war frustriert und nicht in der Lage, mit den Pflichten eines Vaters umzugehen.

Ich spürte den Drang, meine eigenen Erfahrungen und Ansichten zu diesem Thema zu erzählen. Er hörte mir aufmerksam zu, und angesichts der Vorführung und der Reaktion seiner Tochter stimmte er mir zu, die Situation neu überdenken zu müssen. Dann gingen wir zu seiner Tochter, und wie man sich vorstellen kann, herrschte eine emotionsgeladene Atmosphäre. Der Vater war bereit, eine Familienberatungsstelle aufzusuchen, die ihm von der örtlichen Vertretung des Verlags empfohlen wurde.

*Seite 209:*
*Valley of Fire, Nevada.*



*oben:*
JOIN-UP *auf Flag Is Up Farms mit einem untrainierten zweijährigen Pferd.*

*oben:*
*»Positive Belohnung.«*

*Seiten 212/213:*
*Volles Haus bei einer Veranstaltung in Houston, Texas.*

*Ein Zweijähriger meint: »Ich will euch nur zeigen, daß das mein erster Sattel ist.«*

*oben:*
*Blushing ET, geritten von Felipe Castro, gibt Monty wertvolle Tips, das Training an den Startboxen zu verbessern.*

*Seiten 216/217:*
*Hector Valadez und Monty arbeiten mit einem »Schüler« an den Startboxen.*

5

5
6

*Seiten 218/219:*
*Blushing ET (Nr. 5) unter Jockey Alex Solis auf dem Weg zum Sieg. (Copyright © 1998 Benoit Photo)*

*oben und rechts:*
*Am 12. Juli 1998 gewinnt Blushing ET sein erstes Rennen in Hollywood Park. (Copyright © 1998 Benoit Photo)*

*Seite 221:*
*Monty und Dually genießen in diesen geschäftigen Tagen ein wenig Freizeit.*

*Seiten 222/223:*
*Ein Morgenspaziergang im Frühdunst auf Flag Is Up Farms.*

*Seite 224:*
*Monty und Dually entschwinden im Dunst zwischen den Pappeln auf Flag Is Up Farms.*

Seitdem haben sich die Verhältnisse in dieser Familie gebessert, und ich wünsche ihr oft alles Gute bei dieser Anstrengung, festgefahrene Verhaltensmuster zu ändern, was schließlich nicht leicht ist.

Die Tournee durch Amerika war also ein großer Erfolg. Es gab jedoch einen Zwischenfall, der einer gewissen Ironie nicht entbehrte. Ich habe diese Demonstrationen auf der ganzen Welt gemacht, und die Logistik, um sie durchzuführen, ist, wie man sich unschwer vorstellen kann, manchmal sehr kompliziert – besonders dann, wenn man so weit weg von zu Hause ist. Aber bei dieser Vorführung, die nur zwei Autostunden von Flag Is Up entfernt stattfand und wo die Vorbereitungen am einfachsten hätten sein sollen, ging alles schief.

Als Pat und ich am Veranstaltungsort eintrafen, fanden wir einen aufgelösten Marty vor, weil die benötigten Mitarbeiter nicht gebucht worden waren. Wir brauchten ungefähr fünfunddreißig Leute, die sich um die Eintrittskarten, die Sicherheit, den Aufbau des Longierrings, die Pferde, die Bücher, die Videos und so weiter kümmerten.

Im Los Angeles Equestrian Centre hatte man diese Anfrage ein wenig auf die leichte Schulter genommen und nur zwei Leute zur Verfügung gestellt. Das sah nach einer Katastrophe aus.

Aber wir hatten Glück im Unglück. Da die Vorführung in der Nähe von Solvang, unserem Zuhause, stattfinden sollte, hatten wir einen Bus organisiert, der zwanzig Angestellte der Flag Is Up Farms hinfuhr, weil die einmal sehen wollten, was ihr Boß auf seiner Buchpräsentationstour durch die USA so anstellte. Sie waren bereits unterwegs.

Und sie waren überrascht, von Marty begrüßt zu werden und zu erfahren, daß wir einen Notfall hatten. Ob sie wohl einige Aufgaben übernehmen könnten? Und so kam es, daß die Angestellten von Flag Is Up Eintrittskarten abrissen, Türen bewachten, Plätze zuwiesen, das Podium für die Bücher und die Videos aufbauten und so weiter. Es war eine glückliche Wendung – aber sie haben sich eine zweite Einladung verdient, um meine Vorführung verfolgen zu können, ohne gleichzeitig arbeiten zu müssen.

## Blushing ET

Das war vielleicht ein wütendes Pferd – und mehr als gefährlich! Er warf sich auf den Boden, trat und biß jeden, der ihm in die Quere kam. Er hieß Blushing ET.

Er war in Payson Park in Florida offensichtlich extrem schlecht behandelt und danach zu Janine Sahadi nach Kalifornien geschickt worden. Als man ihn zur Startmaschine brachte, schlug er mit seinen Vorderhufen wild um sich und erwischte dabei Zane Tuckers Hand. Blushing ET brach ihm einen Fingerknöchel. Dann machte er einen Rückzieher und lief zur Scheune zurück.

Von der Rennleitung wurde er daraufhin vom Rennen ausgeschlossen und war somit als Rennpferd erledigt. Er würde nie wieder starten dürfen.

Also fragte man mich, ob ich ihn wohl überreden könnte, die Startmaschine zu akzeptieren. Leser von DER MIT DEN PFERDEN SPRICHT werden sich erinnern, daß ich im Laufe der Jahre eine Reihe von Pferden zu einer positiven Einstellung gegenüber der Startmaschine bringen konnte – nicht zuletzt ein Pferd namens Lomitas.

Aber kein Pferd läßt sich mit Blushing ET vergleichen. Er ist mit Abstand das schwierigste Pferd, mit dem ich je zu tun hatte.

Ich begann meine Arbeit mit einer gehörigen Portion Selbstvertrauen. Schließlich bin ich schon lange genug dabei, daß ich ohne falschen Stolz sagen kann: »Das krieg' ich schon hin.«

Nach sieben oder acht Tagen mit Blushing ET konnte ich überhaupt noch keinen Fortschritt wahrnehmen. Im Gegenteil, ich hatte eher den Eindruck, daß wir Rückschritte machten. Selbst nach einer Woche Arbeit hatte ich nur erreicht, daß er rückwärts in die Startmaschine ging. Befand sich etwas dicht hinter ihm, mußte man furchtbar aufpassen: Er trat es einfach nieder und schoß heraus, als fliehe er aus der Hölle.

Er war äußerst unberechenbar und griff jeden an.

Mein erster Gedanke war, die Monty-Roberts-Decke bei ihm auszuprobieren. Diese Decke, an die sich die Leser meines ersten Buches erinnern werden, erfand ich, als ich gebeten wurde, mit einem Pferd zu arbeiten, das ein ähnliches, jedoch weniger schwerwiegendes Problem hatte. Es hieß Prince of Darkness.

Mit diesem Pferd veranstaltete ich alle möglichen Tests, um herauszufinden, warum es diese Phobie vor der Startmaschine hatte. Dazu gehörte, daß ich Prince of Darkness mit halsbrecherischer Geschwindigkeit in eine Box laufen ließ, um zu sehen, wie er darauf reagierte, gegen die Seite des Stalls gedrückt zu werden.

Gerade noch rechtzeitig kam mir die Idee, eine spezielle Pferdedecke zu entwickeln, die seine Seiten davor schützte, die Tritte in der Startbox zu berühren. Wir hatten damals so wenig Zeit, daß wir die Tür des Teppichgeschäfts in Newbury, England, beinahe eintraten, um den Geschäftsinhaber dafür zu gewinnen, diese schwere Decke für das Hinterteil des Pferdes anzufertigen. Mit seiner Hilfe entwarfen wir sie. Prince of Darkness konnte sie in der Startbox verwenden und darunter herauslaufen, sobald sich die Klappe öffnete. Ich ließ mir meine Erfindung patentieren und in einem Material fertigen, das ein bißchen schicker aussieht als Teppich.

Als wir die Monty-Roberts-Decke zum erstenmal auf Blushing ET legten, warf er sich mit gebleckten Zähnen auf den Boden und schlug nach uns.

Er war, gelinde gesagt, unglücklich.

Tag für Tag wurde er vorsichtig an die Startmaschine geführt. Je näher er ihr kam, desto aufgeregter wurde er. Blushing ET ging nur mit voller Geschwindigkeit durch die Startmaschine, ohne jede Kontrolle. Versuchte man ihn dort einzuschließen, sei es von vorne oder hinten, brach er sofort in Panik aus und war schweißgebadet.

Wir versuchten es mit geregelter Routine, um ihn durch Training und besonderes Futter geistig einigermaßen zur Normalität zu bringen. Und wir ließen ihn wissen, daß wir mit ihm zufrieden waren.

Doch er zeigte keine Spur der Besserung.

Wieder einmal hatte ich – wie bei Prince of Darkness – das Gefühl, daß in dem Puzzle noch ein Stück fehlte. Wir verstanden ihn nicht richtig. Wir beobachteten ihn nicht sorgfältig genug und hörten auch nicht angestrengt genug zu.

Hatten wir Blushing ET jedoch glücklich im Stall, war er das genaue Gegenteil: freundlich und leicht zu handhaben. Wir konnten ihn pflegen, seine Beine bandagieren, uns um all seine Bedürfnisse im Stall kümmern – wir konnten sogar seine Beine mit dem Schlauch abspritzen. Sobald es aber an seine

Sprunggelenke ging, war es, als liefen wir gegen eine Wand: Es schien keine Chance zu geben, daß er sich vernünftig benahm. Er war völlig weggetreten – mit zurückgelegten Ohren schlug er wütend nach jedem mit Vorder- oder Hinterbeinen und biß.

Die Krise kam am Tag nach Weihnachten. Ich hatte das American-Football-Spiel University of California Los Angeles gegen Texas gesehen, aber meine Freude über das Spiel war getrübt, da Blushing ETs Verhalten immer noch ein ungelöstes Rätsel barg.

Da mich das Football-Spiel ohnehin nicht fesselte, beschloß ich, zu den Ställen zu gehen und Blushing ET in einem konzertierten Versuch wieder auf die Bahn zu bringen. Ich rief Caroline und Faith, zwei meiner Assistentinnen, und fuhr zum Longierring.

Es war bereits dunkel, als ich dort ankam. Ich schaltete das Licht im Longierring an. Obwohl wir zu dritt waren, schien es ein einsamer Ort zu sein, nachdem ich die vielen begeisterten Menschen bei dem Football-Spiel beobachtet hatte.

Dann tat ich etwas Komisches: Ich sattelte Dually und nahm ein sogenanntes Löffelgebiß für das Zaumzeug. Ich befestigte die Zügel am Sattelknauf und ließ Dually einfach stehen. Bis zum heutigen Tag weiß ich nicht, was in meinem Kopf vorging, als ich das tat. Im Unterbewußtsein muß ich gedacht haben, daß ich Duallys Hilfe brauchen würde.

Ich ging mit Blushing ET in den Longierring, und als erstes entschied ich, ihm seine gewohnte Decke zu lassen. Meine Absicht war, ihn zu longieren; meinem Gefühl nach wäre das die richtige Antwort. Wenn ich ihn nur an die Longe nahm, könnte ich vielleicht auch seine Nervosität wegen der Sprunggelenke besser begreifen. Da war ich mir ganz sicher. Aber sobald die längste Longe über seine Sprunggelenke streifte, bekam er regelmäßig einen Anfall.

Also war mein Gedanke: Laß ihm die Decke. Das würde die Wirkung der Longe mildern.

Voll Selbstvertrauen ging ich in den Longierring. Ich würde dieses Pferd auf jeden Fall dazu bringen, innerhalb von ein oder zwei Stunden die Longe zu akzeptieren, da ich die Decke ja auf ihm liegen lassen wollte.

Wie sich herausstellte, reagierte er, sobald er die Longe spürte, genauso schlimm, als trüge er die Decke nicht. Er schnappte über – ein Anfall von Treten,

Scharren und Ausschlagen. Die Gewalt kam explosionsartig. Die Decke hatte nicht den geringsten Effekt gehabt.

Ich versuchte ihn mit Worten zu beruhigen und blieb selbst so gelassen wie möglich. Ich wußte aus früheren Erfahrungen, daß er nach solch einem Panikanfall aggressiv und gefährlich wurde.

Nach dreißig oder vierzig Sekunden wurde er aggressiv und griff mich mit gebleckten Zähnen frontal an. Es war ein furchterregender Anblick: ein ausgewachsenes, wütendes Pferd, das auf Angriff schaltete – und ich war das Ziel und stand allein im Longierring.

Ich versuchte ihn herumzureißen, indem ich an der von mir abgewandten Longe zog, um seinen Kopf von mir abzuwenden. Dies war genauso vergeblich, als hätte ich versucht, einen Eilzug aufzuhalten. Im letzten Moment riß ich meine Hände in die Luft und schrie ihn an. Zur selben Zeit sprangen Caroline und Faith zur Tür, rissen sie auf, um mich rauszulassen. Und weg war ich.

All das geschah innerhalb weniger Sekunden. Mein Herz klopfte wie wild.

Draußen ging ich eine Weile umher und überlegte, was um alles in der Welt ich falsch gemacht hatte, daß ich so wenig Zugang zu diesem Pferd fand – wenn ich es nicht sogar noch schlimmer machte.

Als ich wieder hineinging und einen erneuten Versuch unternahm, geschah das gleiche. Er hatte unglaubliche Angst davor, daß ihn irgend etwas an der Seite berührte. Es lag an der Behandlung, die er Monate zuvor in der Startbox erfahren hatte: Je mehr er litt, desto mehr peitschten sie ihn, und je härter sie ihn auspeitschten, desto mehr setzte sich in seinem Kopf fest, daß die Tritte in der Startbox schuld daran waren.

Diesen Teufelskreis wollte ich durchbrechen.

Ich ging auf die Rampe, die zu der Zuschauertribüne führt. Von hier aus konnte ich den Longierring einsehen. Blushing ET war unten und zog die Longen hinter sich her. Ich hatte sie nicht mehr lösen können, weil ich um mein Leben gerannt war.

Verzweifelt suchte ich nach Ideen und dachte, daß ich vielleicht irgendeinen Stoff an den Steigbügeln befestigen könnte. Da dieser Stoff aus dem weichsten und angenehmsten Material bestünde, könnte er sich daran gewöhnen, ihn an der Seite zu spüren. Vielleicht war das ein Ansatzpunkt.

Also holte ich ein paar Gurtschützer und Satteldecken und betrat wieder den Longierring. Blushing ET hatte sich mittlerweile beruhigt, und es gelang mir, mich ihm zu nähern und die Stoffstreifen an die Steigbügel zu binden. Er kämpfte hart, schien sich dann aber ein bißchen zu beruhigen. Langsam dehnte ich die Stoffstreifen aus, aber er reagierte böse – und dieses Mal hätte er mich beinahe erwischt. Die Mädchen standen an der Tür bereit, um mich im Bruchteil einer Sekunde herauszulassen. Sie können mir glauben, daß ich auf ihre schnelle Reaktion angewiesen war. Ich entwischte noch rechtzeitig.

Außerhalb des Longierrings ging ich auf und ab und überlegte immer wieder, wo des Rätsels Lösung liegen mochte.

Auf einmal ging mir ein Licht auf, plötzlich hatte ich die gesuchte Antwort: Dually.

Aus unerfindlichem Grund hatte ich ihn gesattelt, bevor ich an diesem Abend mit der Arbeit begann. Wenn er mir helfen könnte, Blushing ET zu trainieren, kämen wir der Lösung des Problems vielleicht näher – und zwar ohne mein eigenes Leben dabei zu gefährden. Pferde, die von Männern am Boden mißhandelt wurden, reagieren auf einen Mann zu Pferd ganz anders. Wenn wir Glück hatten, konnten wir das ausnutzen und Dually und ich wären sicher. Wir konnten Duallys Perfektion nutzen, um dieses Problem zu lösen.

Diese Entscheidung war der Beginn von Blushing ETs sensationeller Besserung. Auf Dually konnte ich eine oder beide Longen anbringen und ihn durch den Longierring treiben, ohne daß die Longen seine Sprunggelenke berührten, wenn ich es nicht wollte. Ich konnte die Longe ihn aber auch berühren lassen und zusehen, wie er ausschlug und kämpfte. Sobald Blushing ET seine Hinterhufe wieder auf den Boden setzte, würde ich die Longe von seinem Sprunggelenk lösen – als Belohnung dafür, daß er nicht mehr trat.

Blushing ET erkannte schnell, daß er die Longe von seinen Sprunggelenken viel schneller los wurde, wenn er nicht trat.

Schon oft habe ich gesagt, verläuft die Lernkurve auf einem Diagramm von null bis zehn, ist der Anfang, also der Schritt von null bis eins, der wichtigste.

Nachdem Blushing ET begriffen hatte, daß es hier um Freundlichkeit und nicht um Grausamkeit oder Bestrafung ging, war er bereit, es zu versuchen. Für ihn war es wie eine Erleuchtung. In dem Augenblick, als wir den ersten Schritt getan hatten, wußte ich, daß wir auf dem Weg zum Erfolg waren.

Nach einer weiteren halben Stunde konnte ich beide Longen anlegen und sie durch die Steigbügel führen und ihn vom Boden aus longieren. Ab und zu verfiel er noch einmal in seine Aggressivität. Ich trat dann ein paar Schritte zurück und brachte ihn langsam wieder dahin, wie er vorher reagiert hatte.

Im weiteren Verlauf des Abends konnte ich ihn ohne Probleme durch den Ring longieren.

Nachdem wir dieses Grundvertrauen zwischen uns aufgebaut hatten und der erste Schritt getan war, konnten wir weiter an der Startmaschine arbeiten.

Wegen seiner übermäßigen Angst und Aggression gegenüber der Startbox entwickelte ich ein Ausrüstungsteil, das ich den »Hallway« (Flur, Korridor) nenne. Es ist eine Konstruktion aus Holzplatten, die im Kreis aufgebaut sind, so daß das Pferd durch diesen »Hallway« geht, in den die Startklappe eingebaut ist. Momentan bin ich mit dem Lone Star Racecourse in Texas im Gespräch, die diese Vorrichtung eventuell anschaffen wollen, um Nachwuchspferde daran zu trainieren, die Startbox ohne Angst zu akzeptieren.

Blushing ET war das schwierigste Pferd, mit dem ich je an der Startbox zu tun hatte. Prince of Darkness hatte diesen Ehrentitel seit 1971 inne, und ich brauchte acht Tage, um seine Abneigung gegen die Box zu überwinden. Wenn ich sage, daß ich bei Blushing ET geschlagene sechzig Tage intensiver Arbeit brauchte, wird Ihnen klar, in welchem Umfang seine Angst vor den Startboxen sein ganzes Wesen beeinflußte.

Ich habe ihn inzwischen bei einem Rennstart ganz ruhig und friedlich gesehen, während das Pferd in der Box nebenan einen Anfall bekam. Bei dieser Gelegenheit startete Blushing ET sauber und wurde Fünfter. Wir freuen uns darauf, wenn er zum erstenmal gewinnt. Ich habe volles Vertrauen in ihn.

Am 12. Juli 1998, als das Manuskript dieses Buches lektoriert und der Text in seine endgültige Form gebracht wurde, gewann Blushing ET unter Jockey Alex Solis sein erstes Rennen in Hollywood Park. Seinem Besitzer brachte er ein Preisgeld in Höhe von sechsundvierzigtausendachthundert Dollar.

# Ein letztes Wort zu Shy Boy

Zu diesem Buch wurde ich in erster Linie durch das Abenteuer mit Shy Boy inspiriert. Ich hätte nie gedacht, jemals die Gelegenheit zu erhalten, dieses Abenteuer zu erleben, das zu meinem großen Erstaunen und zu meiner Genugtuung beinahe völlig reibungslos verlief – wenn auch nicht ohne Angst und gewisse Herausforderungen, denen ich mich immer wieder stellen mußte. Im großen und ganzen lief es besser, als ich es selbst in meinen kühnsten Träumen für möglich gehalten hätte. Der BBC-Film – der danach auch von verschiedenen Sendern in den USA ausgestrahlt wurde – hat zu vielen Gesprächen, Fragen, Untersuchungen geführt.

Hunderte von Leuten haben mir – im wahrsten Sinne des Wortes – diese eine Frage gestellt: »Glauben Sie, daß es Shy Boy jetzt besser geht, oder wäre er lieber in der Wildnis?«

Das weiß ich natürlich nicht, da ich seine Gedanken nicht lesen kann. Ich beobachte ein ruhiges, entspanntes Pferd, das mit seiner Arbeit zufrieden und liebevoll im Umgang mit den Menschen ist, die verantwortlich sind für ihn. Aber ich kann nicht beurteilen, ob er nun Sehnsucht hat nach dem weiten Land oder nicht.

Es gibt jedoch eine Möglichkeit zu beurteilen, ob einem Pferd etwas gefällt oder nicht – und die besteht darin, ihm Gelegenheit zu geben, es auszuprobieren. Diese Logik erinnert mich an einen Spruch, den ich stets meinen Studenten mit auf den Weg gebe: »Ihr sagt, euer Pferd springt gern. Also gut. Bringt es auf einen Platz mit Sprüngen. Wenn es herumläuft und die Sprünge von sich aus nimmt, glaube ich euch.« Es ist gar keine so abwegige Idee; man weiß von einigen Pferden, die genau das getan haben.

Im Fall von Shy Boy gab es all diese Menschen, die wissen wollten, wie er sich entscheiden würde, wenn er die Möglichkeit dazu hätte: das Leben eines Haustiers oder das eines Mustangs in der wilden Herde zu führen?

Darauf haben wir eine Antwort gefunden, und ich will Ihnen auch sagen wie. Cathie und Caleb Twisselman, denen Tausende von Morgen Land in der Hochwüste Zentralkaliforniens gehören, sollten Anfang März 1998, also ein Jahr nachdem Shy Boy von der wilden Herde ausgesondert worden war, dreihundertfünfzig Rinder zusammentreiben.

Caleb sollte bei dieser Gelegenheit Shy Boy reiten und ihn in einem günstigen Moment bei der gleichen wilden Herde, von der man ihn weggeholt hatte, wieder in die Freiheit entlassen. Dann hätte er die Wahl: Er konnte bei der Herde bleiben oder zu uns zurückkehren.

Cathie und Caleb Twisselman waren ebenfalls der Meinung, das sei ein würdiges Postskriptum zur Geschichte von Shy Boy. Wir begannen mit der Planung. Wir alle würden Rinder zusammentreiben, wobei jeder von uns bei der Arbeit ein bestimmtes Gebiet zu kontrollieren hätte. Caleb und mir wurde der westliche Teil des Besitzes zugeteilt, weil wir dort um diese Jahreszeit die wilde Herde getroffen hatten.

Am Montag, dem 12. März 1998, verluden wir morgens Shy Boy, The Cadet, Big Red Fox und Arnie mit entsprechender Menge Futter in den Transporter. Außer meiner Frau Pat hatte ich auch Caroline Baldock, meine literarische Assistentin, eingeladen, live mitzuerleben, welche Antwort Shy Boy auf die simple Frage geben würde, die wir ihm stellen wollten. Zane Davis war ebenfalls dabei, um beim Zusammentreiben zu helfen.

Auf dem Highway 101 fuhren wir an der Küste entlang Richtung Norden bis nach Santa Margarita. Dort bogen wir in östlicher Richtung ab und fuhren durch einige der schönsten Bergregionen Kaliforniens. Wir erklommen die Hochwüste. Der Winterregen hatte dem Land ein intensives irisches Grün verliehen, und an den südlichen Abhängen begannen die wilden Blumen sich gerade zu entfalten.

Wir befanden uns tausend Meter über dem Meeresspiegel, als der Anstieg endete. Wir erreichten die Carrizo-Ebene, die einem Vorsprung über dem Küstengebirge gleicht. Sie lag wie ein grüner Teppich da, kaum ein Baum in Sicht. In dreißig Kilometern Entfernung war jedoch der Soda Lake zu sehen.

Die San Andreas Fault läuft mitten durch diese riesige Fläche. Wir würden am nördlichen Rand dieser Ebene unser Lager aufschlagen.

Nach einer Stunde Orientierung rief ich Pat über das Handy an und gab ihr eine genaue Wegbeschreibung zu dem ausgewählten Lagerplatz, so daß sie und Zane die Wohnmobile sowie die notwendige Ausrüstung herbringen konnten. Während ich mit Pat sprach, erfüllte mich die Schönheit dieses Ortes: der Duft nach Salbei und Klee, von dem der Wind erfüllt war; das Gebirge, das diese riesige Ebene einrahmte; der Himmel über unseren Köpfen. Es war unglaublich.

Wir schlugen unser Lager auf und sattelten die Pferde, nachdem wir ihnen erlaubt hatten, sich frei in dieser herrlichen Landschaft auszutoben. Ein Feuer wurde angezündet, und der Geruch nach Eichenholz lag in der Luft.

Dann durchdrang ein hohes Klagen die Stille. »Was war das?« fragte jemand. Ein heulender Chor antwortete, als ob tausend Hunde die Frage beantworteten. Ein Rudel Kojoten war höchstens fünfhundert Meter von uns entfernt. Für alle in der Gruppe, die mit Kojoten nicht vertraut waren, war es beängstigend, weil ihr Geheul einem das Blut in den Adern gerinnen läßt. Aber für uns andere, die wir wußten, daß sie harmlos sind, war es nur eine Bestätigung dafür, daß wir in der Wildnis waren.

Und es war genauso kalt wie im Jahr zuvor.

Bei Sonnenaufgang kamen Rowly, Cathie und Caleb Twisselman von der Ranch mit ihren Pferden und der Ausrüstung zu uns ins Lager. Wir bereiteten uns auf den vor uns liegenden Tag vor, und nach kurzer Beratung teilten wir uns in verschiedene Gruppen. Schließlich bestand unsere Arbeit darin, das Vieh zusammenzutreiben.

Die Frage, die wir Shy Boy stellen wollten – ob er wild bleiben oder zahm sein wollte –, sollte in einem geeigneten Moment während des Viehtriebs gestellt werden.

Als die Sonne aufging und das Land sich zu erwärmen begann, war es großartig dort oben, wenn auch noch kalt. Ich konnte den Soda Lake sehen, der einem gähnenden Mund inmitten der Hochwüste glich. Caleb ritt Shy Boy und ich The Cadet. Caleb kannte sich gut hier oben aus, da ihm die Gegend seit Kindertagen vertraut ist.

Wir ritten durch einen Canyon, über eine Hügelkette, an der Wand eines steilen Gebirges entlang und durch das spärliche Unterholz. Ein Eselhase sprang heraus. Mir blieb fast das Herz stehen, und The Cadet floh, so daß ich Mühe hatte, im Sattel zu bleiben ... Caleb, der fünfzig Meter entfernt zu meiner Rechten ritt, lachte sich beinahe kaputt; aber dann waren wir wieder auf unserem Weg.

Wir begannen, eine stattliche Anzahl Rinder zusammenzutreiben – schließlich war das der Grund, weshalb wir überhaupt hier waren. Mit unserer Herde kamen wir zu einer hochgelegenen grünen Weide, durch die ein Bach plätscherte. Hier rasteten wir und führten unsere Reitpferde stromaufwärts von den Rindern weg, damit sie sauberes Wasser trinken konnten. Wir zählten die Rinder – es waren fast sechzig.

Durch das Fernglas konnte ich von diesem Punkt aus die anderen Teams beobachten, die wie wir ihre Herden auf die Korrals zutrieben. Das Unterfangen lief glatt, und Shy Boy erfüllte problemlos seine Rolle bei diesem Viehtrieb.

Wir machten weiter und nahmen unterwegs noch mehr Rinder mit. Einmal ritten wir in einen Canyon mit einem bedeutenden Wasserlauf am Grund, aber der Geruch wurde immer schlechter, je tiefer wir kamen. Es roch wie nach faulen Eiern. Ich fragte Caleb, was das sei, und er antwortete, an dieser Stelle münde eine Schwefelquelle in den Bach. The Cadet rührte das Wasser nicht an, aber Shy Boy nahm es gerne – und Caleb gestattete ihm ab und zu ein paar Schlucke. Shy Boy war für dieses Gebiet erzogen, und elf Monate der Domestizierung hatten ihm nicht das Wissen genommen, daß ihn dieses Wasser nicht umbringen würde.

Als wir unseren Abstieg zu den Korrals begannen, bemerkte ich ungefähr zehn Rinder abseits von der Gruppe. Ich schlug Caleb vor, die Hauptgruppe weiterzutreiben, während ich mich von ihm trennen und diese zusätzlichen zehn Tiere einfangen wollte.

Als ich mich der kleinen Gruppe näherte, bemerkte ich die Wildpferde im Unterholz auf dem Hügel weiter oberhalb der Rinder. Ich trieb die Kühe auf Caleb und die Hauptgruppe zu und tat nichts, was die Pferde störte. Ich merkte mir nur, wo sie sich befanden.

Wir trieben das Vieh in die Korrals, wo sich bereits mehrere hundert Rinder befanden, die von den anderen Teams zusammengetrieben worden waren.

Von diesem Aussichtspunkt bot sich ein Anblick von surrealer Schönheit. Vor mir erstreckten sich zwanzig Kilometer lang die Carriso Plains. Zwei- bis dreitausend Rinder grasten hier in der Gegend auf den verschiedenen Besitztümern, die der Familie Twisselman gehörten. Im Hintergrund der flachen Hochwüste erhob sich das purpurfarbene Santa-Ynez-Gebirge, das sich über ungefähr achtzig Kilometer erstreckt. Der Boden der Wüste war zu dieser Jahreszeit voller Farben, und der See in der Mitte war blau wie ein Saphir. Der Himmel spiegelte dieses Blau und war mit baumwollweißen Wolken besetzt.

Vor mir zog unsere Viehherde, ein Tier hinter dem anderen, beinahe zwei Kilometer lang, zu den Korrals, so, als trüge die Landschaft ein Halsband aus buntscheckigen Farben – das Rot und Weiß der Herefords, das Tiefschwarz der Angus, das Grau, Blau und Buckskin der Brahamans.

Zusammen mit Shy Boy, der langsam galoppierte und über die Gräben sprang, gefiel mir dieses Bild besser als jedes Ölgemälde. Es war eine lebensbejahende Erfahrung.

Wir trieben unser Vieh in die Korrals, und ich freute mich zu sehen, daß Shy Boy ein wertvolles Mitglied des Teams war. Er war ein Champion, stolz auf sich.

Dann war es Zeit zu essen, und die Mahlzeit hatte eine festliche Atmosphäre; dazu dröhnte die Musik von Garth Brooks laut aus dem Führerhaus eines Wagens. Die Pferde wurden gefüttert und getränkt, die Sättel abgenommen und ihre Beine abgespritzt. Ein oder zwei Stunden Ruhe war allen willkommen, egal, ob Mensch oder Tier.

Einer der Farmarbeiter berichtete, die wilde Herde weide jetzt näher beim Camp; vermutlich lockte sie die Anwesenheit unserer Pferde, und sie waren neugierig wegen des Viehtriebs. Das kam uns gerade gelegen.

Nach dem Mittagessen und einer ausgedehnten Ruhepause war es Zeit, bestimmte Jährlinge von der Herde auszusondern. Ich saß auf Dually, der das tat, was er gerne tat, und hier erfüllte es – im Gegensatz zu den Showveranstaltungen – ja auch seinen Zweck.

Caleb saß wieder auf Shy Boy, und gemeinsam beobachteten sie, wie Dually, der alte Profi, die jungen Rinder aussonderte. Caleb rief, daß er es gerne einmal mit Shy Boy versuchen wolle, und ich erlaubte es, um zu sehen, wie sich Shy Boy bei wirklich harter Arbeit verhielt. Ich muß sagen, daß er Dually offensichtlich ganz genau beobachtet hatte, denn er schien den Dreh herauszuhaben, was genau von ihm verlangt wurde. Er verdiente sich einen Applaus von der Gruppe, die ihn beobachtete, als er seine erste sportliche Bewegung machte, um einen Stier daran zu hindern, um ihn herumzulaufen.

Als wir mit dem Aussondern der Jährlinge fertig waren, war es vier Uhr nachmittags, und die Schatten wurden lang. Ein Lagerfeuer wurde angezündet, und die Pferde wurden für die Nacht vorbereitet.

Die Rinder, die nicht gebraucht wurden, wurden wieder freigelassen. Der Sonnenuntergang malte seine Farben auf die Unterseiten der Wolken, und die

Luft war erfüllt vom Rufen der Rinder und den Antworten der Jungtiere. Über dreihundert Tiere trampelten durch den Salbei und wirbelten dessen Duft auf, der uns umwehte und den Geruchssinn in seltener Weise reizte.

Es war beinahe fünf Uhr, als Caleb und ich uns am Feuer niederließen, um das nächste Unterfangen zu besprechen – die Freilassung von Shy Boy.

Die Farmarbeiter hatten berichtet, daß die wilde Herde gerade außer Sichtweite auf dem Bergrücken nördlich des Lagers sei. Sie brachten ein paar ihrer Reitpferde südlich und östlich von uns in Stellung, um die Herde wilder Pferde zu veranlassen, näher zu kommen. Es funktionierte perfekt, und die wilde Herde erschien tatsächlich auf dem Bergrücken. Es waren ungefähr dreißig Tiere, deren Silhouette in der untergehenden Sonne – wie in Gold gefaßt – zu sehen war.

Shy Boy war das einzige Pferd im Camp, das sie bemerkte. Seine Ohren zeigten in ihre Richtung. Er stand starr, wie angenagelt, seine großen schwarzen Augen auf die Herde gerichtet. Ich sagte zu Caleb: »Deshalb sind wir hier. Es wird Zeit zu sehen, was passiert.« Calebs Gesicht zeigte eine Mischung aus Sorge und Traurigkeit. Schließlich konnte es sein, daß wir dieses kleine Pferd nie wiedersahen. »Reib ihn noch einmal, und nimm ihm das Halfter ab«, sagte ich.

Sofort wirbelte Shy Boy herum und war mit einem anmutigen Sprung in vollem Galopp direkt in Richtung auf die wilde Herde am Horizont unterwegs. Angst durchfuhr mich. Shy Boys Bewegung und die Richtung, in die er lief, zeigten absolute Sicherheit. Das deutete stark darauf hin, daß er endgültig in die Wildnis zurückkehrte.

Es war beinahe dunkel, aber wir konnten noch erkennen, wie er zu der Herde wilder Pferde auf dem Kamm hinter dem Camp stieß. Vielleicht würde ihn die Herde ablehnen? Schließlich hatte er zehn Monate von anderem Futter und Wasser gelebt. Ich war erstaunt, denn genau das Gegenteil geschah: Sie akzeptierten ihn ohne Murren, als hätte er immer zu ihrer Gruppe gehört. Es gab keine Herausforderung, kein Beißen oder Treten. Das letzte, was wir vor Einbruch der Dunkelheit noch sahen, war, daß Shy Boy als erster die Herde außer Sichtweite über die Anhöhe führte.

Wir waren mehr als erstaunt, denn das war ein ganz ungewöhnliches Herdenverhalten.

Es kostete mich viel Mühe, Caleb davon zu überzeugen, daß noch nicht alles vorbei war. Shy Boy hatte nur freundliche Behandlung durch uns erfahren. An jedem Tag seines Lebens seit der Adoption hatte er ein warmes Lager, gutes Fressen und frisches Wasser erhalten. Er hatte das soziale Leben eines zahmen Pferdes genossen.

Es gab also genügend Gründe, für die es sich lohnte zurückzukommen. Trotzdem war ich mir selbst da nicht so sicher.

Am nächsten Morgen stand ich um fünf Uhr auf und fand eine Entschuldigung, um dort herumzustreifen, wo unsere Pferde angebunden waren, und nach Shy Boy Ausschau zu halten.

Eine Stunde später war es hell genug, daß wir die Hügel deutlich genug erkennen und wissen konnten, daß Shy Boy nicht in unserer Nähe war.

Rowly Twisselman rief, wir sollten das Feuer schüren und frühstücken, um uns dann darauf vorzubereiten, die Jährlinge zurück zum Hauptquartier der Ranch zu bringen. Caleb war ausgesprochen langsam, was vollkommen untypisch für ihn ist.

Wir ließen uns beim Frühstücken soviel Zeit wie möglich und gaben uns der Hoffnung hin, daß Shy Boy währenddessen noch auftauchen könnte. Caleb hatte sein Pferd »verloren« und mußte deshalb im Laster zurückfahren.

Ich sattelte The Cadet und wollte dann noch seinen Schweif verlesen.

Plötzlich hörte ich einen Schrei: »Schaut dort drüben!«

Ich blickte schnell hoch und bemerkte, daß sich etwas in den Salbeibüschen bewegte. Ich sah ein einzelnes Pferd ungefähr dreihundert Meter nördlich auf einem Hügel, der sich direkt über uns erhob. Es lief in unsere Richtung. Die aufgehende Sonne warf ihr strahlendes Licht auf den Hügelkamm. Die Szenerie erinnerte mich an eine Theaterbühne, die durch ein Spotlight beleuchtet wird. Das Pferd näherte sich jetzt einer Graslichtung ohne Büsche, und auch das ähnelte einer Bühne: Das Pferd betrat – wie ein Schauspieler – genau die Mitte der Lichtung. Es sah schön aus.

Es war Shy Boy.

Alle im Lager schwiegen und warteten ab, was geschehen würde. Es war, als stünde die Zeit für diesen Moment still. Shy Boy verharrte regungslos. Selbst wenn er jetzt wieder herumwirbelte und davonlief, so war er doch zumindest zurückgekommen, um sich zu verabschieden.

Mit einer bedächtigen Bewegung wandte Shy Boy seinen Kopf zurück und schaute in Richtung der wilden Herde. Er behielt diese Position für ein paar Sekunden bei; dann wandte er sich wieder unserem Lager zu. Er senkte seinen Kopf und begann zu gehen.

Die Richtung, die er einschlug, verlief schräg zu uns. Er bewegte sich langsam, bedächtig, so, als überlege er, welche Richtung er einschlagen solle. Als er den Rand der Lichtung erreichte, hob er seinen Kopf, fiel in Trab und kam direkt auf uns zu. Er lief durch das Gebüsch, und nur sein Kopf, Hals und Rücken waren zu sehen.

Ungefähr zweihundertfünfzig Meter vom Lager entfernt fiel er in vollen Galopp. Es gab eine Lücke im Gestrüpp, durch die er sich duckte, und dann hielt er direkt auf das Lager zu. In Gedanken wiederholte ich immer wieder: »Komm, Shy Boy, komm nach Hause.«

Caleb stand direkt hinter mir.

Shy Boy rannte in vollem Galopp in unsere Richtung. Er wieherte laut und deutlich, rief uns zu.

Dieser Mustang stürmte uns entgegen, aber ich zuckte mit keinem Muskel und hob auch nicht die Hand. Ich lächelte über das ganze Gesicht und stand glücklich mitten in seinem Weg. Er galoppierte volles Tempo und trat erst im letzten Moment auf die Bremse, um zwei Meter vor mir stehenzubleiben. Ich ging einen Schritt vorwärts, um ihn willkommen zu heißen.

Ganz von allein war Shy Boy nach Hause zurückgekehrt.